다음 세대를 생각하는
인문교양 시리즈

아우름 37

글을 쓰면
자신을 발견하게 됩니다

삶을 풍요롭게 하는 인문적 글쓰기

박민영 지음

샘터

글쓰기에 대해
이야기한다는 것

　글쓰기를 가르친 지 10년이 다 되어 갑니다. 주로 한겨레문화센터에서 강의했습니다. 처음에는 잠시 아르바이트하는 마음으로 가볍게 시작했는데, 수강생이 꾸준히 있어 이렇게 오랫동안 하게 되었습니다. 저는 책 읽고 글 쓰는 사람들이 많아지는 것이 사회적으로 중요한 의미를 갖는다고 생각합니다. 그런 사람들이 많을수록 사회는 건강함이 유지된다고 믿습니다.

　모든 교육이 그렇지만, 실은 배우는 사람보다 가르치는 사람이 더 배웁니다. 누군가를 가르쳐 본 사람은 알겠지만, 10만큼 가르치려면 100을 정리해야 합니다. 그러니 가르치는 사람이 더 배우게 되는 것이지요. 그래서 저는 강의할 때 종종 "여러분은 저에게 손해 보고 계신 것"이라고 말하곤 합니다.

　글쓰기에 대해 말하는 것은 글쓰기와 조금 다릅니다. 글쓰기에 대해 말하려면 자신과 동료 작가들이 글 쓰는 과정을 면밀하게 성찰하고 분석해야 합니다. 그것은 글쓰기와 또 다른 과제입니다.

움베르토 에코는 《'장미의 이름' 창작 노트》에서 이렇게 썼습니다. "예술의 제작 과정에 대해 가장 뛰어난 글을 남긴 사람들은 거장이라기보다 군소 예술가들이었다. 그들은 예술작품으로는 걸출한 성취를 얻지 못하였으나 자신의 창작 과정에 대해서는 깊이 생각할 줄 알았던 사람들이었다."

그러면서 조르조 바사리, 허레이쇼 그리노, 에런 코플런드 같은 사람들을 언급했습니다. 우리가 익히 알고 있는 사람들이 아니지요. 이런 것만 봐도 글쓰기와는 다른 노력이 필요하다는 것을 알 수 있습니다.

글을 쓰는 사람은 글쓰기에 대한 문제를 의식하고 쓰지 않습니다. 글 쓰는 사람은 자신이 생각한 것, 자신이 하고자 하는 말을 어떻게 하면 효과적으로 전달할까에 집중합니다. 다른 생각은 하지도 않고, 할 겨를도 없습니다. 우리가 걸을 때 목적지를 생각하지, 걸음이 이루어지는 과정에 대해 고민하지 않는 것과 마찬가지라고 할 수 있지요.

물론 글을 쓰는 사람들은 어떤 경로로든 한 번쯤 글쓰기에 대해 강의를 듣거나 책을 보았을 것입니다. 그렇지만 일단 글을 어느 정도 쓰게 되면, 글쓰기에 대한 담론 따위는 잊어버립니다. 강을 건넌 뒤에 배를 버리듯이 말이지요. 그러나 글쓰기에 대해 말하려면 내가 버린 배를 다시 찾아서 꼼꼼히 살펴보고, 어떻게 배를 움직여서 강을 건너왔는지도 되짚어 봐야만 합니다.

책은 한 장의 사진과 같습니다. 글을 쓸 당시 저자의 생각을 사진

찍듯 반영합니다. 책을 낼 때마다 '이것이야말로 완결판'이라는 생각으로 총력을 다해 글을 쓰지만, 책을 내고 난 후에도 변하고 진일보한 생각들이 일부 생기게 마련입니다.

이 책도 그렇습니다. 예전에도 글쓰기 책을 펴낸 적이 있지만, 이 책이 제 글쓰기 책의 완결판이라고 할 수밖에 없습니다. 큰 틀은 변화가 없지만, 세부 내용에서 그동안 변하거나 좀 더 나아간 생각들이 촘촘히 박혀 있기 때문입니다.

이 책은 글쓰기 테크닉보다 글쓰기의 효용과 가치를 해명하는데 초점을 맞췄습니다. 글쓰기도 사람이 하는 일인 까닭에, 그 태도와 마음가짐이 중요합니다. 글쓰기의 효용과 가치를 알고 도전할 때 글을 쓰고자 하는 의지가 더욱 고양되지 않을까 싶습니다.

문어체가 아닌 구어체로 책을 쓴 것은 이번이 처음입니다. 의외로 편안하게 써져 저 자신도 놀랐습니다. 편하게 쓴 만큼 독자들에게도 편하게 읽히리라 생각합니다. 글쓰기에 대한 저의 생각을 다시 정리할 기회를 준 샘터에 감사의 말을 전합니다.

2019년 봄을 기다리며
박민영

| 차 례 |

1장

개인적 존재에서
사회적 존재로!

작가는 왜
고독이 필요할까?

30대 중반, 전업 작가가 되겠다며 다니던 직장을 때려치우고 홀로 골방에 틀어박혔던 때가 생각납니다. 회사를 그만두고 나서 가장 먼저 실감한 것은 시간에 대한 소유 관념이었습니다. 출근하기 위해 아침 일찍 일어날 걱정도 없고 빨리 잘 필요도 없으니, 하루 24시간이 온전히 내 것이 되었습니다.

요구되는 시간표에 맞춰 규칙적인 직장생활을 해오다 하루 24시간이 온전히 내 앞에 놓여 있으니 당혹스럽고 부담스럽기도 했습니다. 그러나 자유로움이 더 크게 다가왔습니다. 자유가 주어졌다면, 마땅히 누려야 하는 법. 곧바로 낮과 밤이 바뀐 생활을 하기 시작했습니다.

모두가 잠든 고요한 시간에 홀로 깨어 책도 보고, 글도 쓰고, 상념에 빠졌습니다. 그러다가 지루하다 싶으면 음악도 듣고, 커피도 끓여 마셨습니다. 무거워진 밤공기 사이로 들려오는 커피 끓는 소리는 얼마나 포근하고, 그 냄새는 또 얼마나 향기롭던지요. 밤새 그렇게 시간을 보내다, 동이 트고 출근하는 사람들의 움직임으로 골목이 소란스러워질 무렵, 창문의 커튼을 치고 잠들었습니다.

그러나 이런 생활은 오래가지 못했습니다. 밤낮이 바뀐 활동이라는 게 몸에도 안 좋고, 능률도 오르지 않는다는 것을 아는 데는 그리 오래 걸리지 않았지요. 저는 올빼미형 인간은 아니었던 것입니다. 다시 정상적으로 낮에 글 쓰고 밤에 자는 패턴으로 돌아왔습니다. 그럼에도 몇 달간의 올빼미 생활은 "자유와 고독은 동전의 양면"이라는 일본 작가 마루야마 겐지의 말을 확인시켜 주기에 충분했습니다.

글을 쓰는 사람은 고독에 처할 수밖에 없습니다. 글 쓰는 일이란 기본적으로 혼자 하는 것이기 때문입니다. 공동 집필 시나리오나 공저共著와 같이 여럿이 협업하는 경우도 있지만, 그런 경우에도 회의는 같이 할망정, 글을 쓰는 순간에는 각자 흩어져서 혼자 합니다.

오래전 칸트에 대해 쓴 책에서 그를 "혼자서도 충분한 사람"이라고 표현한 대목을 본 적이 있습니다. 아마 칸트가 죽을 때까지 독신으로 살면서 철학에 매진했기에 이런 표현을 썼겠지요. 저는 독신으로 사는 것과 별개로, 글을 쓰는 순간만은 누구나 '혼자서도 충분한 사람'이어야 하고, 또 그럴 수 있다고 생각합니다.

'고독'을 뜻하는 영어 solitude를 보면, 어근인 'sol'은 원래 'Sole'에서 나왔는데, 'Sole'은 '태양'을 뜻합니다. 태양을 생각하면 어떤가요? 혼자 있다고 쓸쓸하거나 애잔한 느낌이 드나요? 그렇지 않지요. 태양은 그 유일성으로 인해 존엄한 존재입니다. 전 세계 어디서나 태양이 숭배 대상이었던 것은 그 때문입니다.

글을 쓰는 사람도 유일한 존재입니다. 글을 쓰는 사람이 한 명만 있다는 얘기가 아니라, 홀로 글을 쓰는 상태가 그를 유일한 존재, 존엄한 존재로 만든다는 말입니다.

인간은 작은 존재입니다. 세상은 어마어마하게 크고요. 그런데 세상이 아무리 커도 작은 나를 통해야만 인식이 가능합니다. '나'라는 존재는 세상이 인식되는 유일한 통로입니다. 글쓰기는 그렇게 인식된 것을 쓰는 것입니다. 글쓰기는 세계를 인식하는 유일한 통로인 자신을 가장 적극적으로 활용하는 방식입니다.

글 쓰는 사람은 홀로 앉아 세상일에 대해 이래저래 따져 봅니다. 인간의 사유 대상은 세계입니다. 글쟁이 하나가 감히 세상 전체를 대상화해서 분석하고 해석하겠다며 덤비는 것입니다. 작은 내가 거대한 세상을 상대로 벌이는 정면 대결입니다.

글을 쓰면 자신을 발견하게 됩니다

대학을 흔히 '상아탑ivory tower'이라고 부릅니다. 상아탑은 '현실과 거리를 둔 정신적 행동의 장소'라는 뜻입니다. 현실과 거리를 둔다는 것은 현실을 다루지 않는다는 말이 아닙니다. 오히려 세상의 현실을 다루기 위해 거리를 둔다는 의미입니다. 거리를 둬야 현실을 객관적으로 대상화해서 응시할 수 있으니까요.

상아탑이라는 말은 대학의 본질과 태도를 드러내는 것인데, 이러한 본질과 태도는 글을 쓰는 사람에게도 고스란히 적용될 수 있습니다. 글을 쓰는 사람은 '세상과 거리를 둔 정신적 행동을 하는 사람'이라고 할 수 있으니까요. 세상을 응시하기 위해서는 세상과 어느 정도 거리가 필요하고, 세상과 거리를 두려면 세상으로부터 벗어나 홀로 있을 수밖에 없습니다. 글 쓰는 사람에게 고독이 필요한 이유가 여기 있습니다.

작가들은 자신이 세상과 적당한 거리를 유지하고 있음을 공공연하게 표출합니다. 작가들이 흔히 책 서문 말미에 "○○산 아래에서" 또는 "○○강 강변에서"라고 쓰는 것이 그렇습니다. 사실 이런 말은 너무 믿지 않아도 좋습니다. 예전에는 진짜로 자연과 벗하며 사는 작가들이 적지 않았지만, 요즘에는 작가들도 도심의 고층 아파트에 사는 경우가 더 많습니다.

우리나라는 땅의 70퍼센트가 산입니다. 야트막한 동산이라도 없는 곳이 오히려 드물지요. 그런 까닭에 집에서 가장 가까운 산을 들

먹이며 "○○산 아래에서"라고 쓰는 것은 일도 아닙니다. 물론 작가는 작업할 때 정신을 집중해야 하기 때문에 너무 시끄러운 곳을 피하는 경우가 많은 것이 사실입니다. 그러나 그것을 유별나다고 말할 수는 없습니다. 작가가 아니더라도 시끄러운 환경을 싫어하는 사람은 얼마든지 있으니까요.

보통사람들과 다를 바 없는 주거환경에서 살면서도 "○○산 아래에서"라고 쓰는 이유는 무엇일까요? 독자들은 흔히 작가라면 뭔가 낭만적이고 속되지 않은 공간에 머물지 않을까 생각합니다. "○○산 아래에서"라고 쓰는 것은 대중의 이러한 편견을 만족시키기 위해서입니다. 그러나 가장 중요한 이유는 작가 자신이 '세상을 관조할 수 있는 정신적 처소', 즉 고독한 자리에 머물고 있음을 전달하기 위해서라고 할 수 있습니다.

글을 쓰면 자신을 발견하게 됩니다

작가에게 고독은
폼이 아니다

일반적으로 대중이 작가에게 갖는 전형적인 이미지가 있습니다. 낭만적이면서도 고독해 보이는 이미지입니다. 이런 이미지를 잘 구현한 사람이 알베르 카뮈입니다. 그의 사진 중 가장 유명한 것은 옷깃을 세운 롱코트 주머니에 손을 꽂고, 담배를 문 채 이마에 주름을 잡으며 파리의 거리를 쓸쓸하게 걷는 모습을 담은 것입니다. 대중이 작가에게 갖고 있는 이미지를 잘 보여 줍니다.

이런 사진을 보며 '멋있어 보인다'는 생각에 나도 작가가 되어야 겠다고 생각하는 사람이 있을지도 모르겠습니다. 그러나 작가의 고독은 폼이 아닙니다. 남에게 멋있어 보이기 위한 장식물도 아니고요. 작가에게 고독은 그냥 글을 쓴다는 행위에서 비롯된 실존적 특성 같은 것입니다.

작가는 생각하는 것을 업으로 삼는 사람입니다. "고독은 생각의 둥지다 Solitude is the nest of thought"라는 말이 있듯이, 생각을 하려면 고독이 필요합니다. 타이완의 작가 장쉰張勳은 《고독육강孤獨六講》에서 "고독이야말로 사유의 시작"이라고 했습니다. 버지니아 울프가 여성이 글을 쓸 수 있는 조건으로 '자기만의 방'을 든 것도 혼자 마음껏 사색할 공간이 있어야 한다는 뜻이었습니다. 고독할 권리를 옹호한 것입니다.

마루야마 겐지는 《소설가의 각오》에서 "고독을 이길 힘이 없다면 문학을 목표로 할 자격이 없다. 세상에 대해 혹은 모든 집단과 조직에 대해 홀로 버틸 대로 버티며 거기에서 튕겨 나오는 스파크를 글로 환원해야 한다"고 했습니다. 앞서 작가들이 홀로 하는 것은 '세상과의 정면 대결'이라고 한 것과 일맥상통하는 말입니다.

그러면 작가에게 고독은 행복일까요, 불행일까요? 제 생각에는 '둘 다'입니다. 좋은 점도 있고 불편한 점도 있다는 말입니다.

우선 고독은 작가에게 충만함을 가져다줍니다. 프랑스의 철학자 자크 랑시에르는 《무지한 스승》에서 "진리는 고독하게 자기를 의식하는 인간에게만 말을 건넨다"고 했습니다. 고독이 긍정적인 것은 자기 자신과 온전히 관계 맺을 수 있는 가능성 때문입니다. 혼자 있어야만 자기 내부에 표상된 세계와 내적 대화를 나눌 수 있습니다. 글이라는 것은 결국 한 명의 고독한 작가가 자신의 내면과 마주하며 쌓아 온 세계관과 철학을 세상에 내놓는 것입니다.

작가에게 고독이 필요한 또 한 가지 이유는 지적 독립 때문입니다. 작가가 독창적인 시선을 보여 주려면 지적 독립이 필요합니다. 어떤 집단에서도 떨어져 나와 홀로 있는 것은 이런 지적 독립에 기여합니다. 언론학자인 강준만은 이런 얘기를 한 적이 있습니다.

"지식 생산은 고립과 관련이 있어요. 제가 서울에 있거나 학문 공동체에 있었으면 할 말 다 못했고 제가 비판했던 사람들과 똑같이 되었을 겁니다. 제게 고립은 선택이고 축복이었어요."

강준만은 전북대 교수입니다. 집도 직장도 전주에 있습니다. 그는 자신이 지방에 머물러 있는 것이 남들과 다른 얘기를 하는 데 도움을 주었다고 말하고 있습니다. 서울에 있다고 해서 독창적인 글을 쓸 수 없다고 단언하긴 어렵겠지만, 그의 얘기가 틀렸다고 할 수도 없습니다.

제가 아는 한, 강준만은 우리나라에서 가장 많은 책을 내는 필자입니다. 읽는 사람이 집필 속도를 쫓아가기 힘들 정도입니다. 그가 만약 서울에 있었다면, 이런 필력을 유지하기가 쉽지 않을 것입니다. 서울에 있으면 찾아오는 사람도 많고, 부르는 사람도 많을 테니까요. 자연스럽게 아는 사람, 친한 사람도 많이 생기고요. 친한 사람이 많아지면 비판적인 문필 활동을 하기가 쉽지 않습니다. 글 쓰는 데 전력하고 자유롭게 비판할 수 있었던 것이 지방에 사는 것과 무관하지 않다는 건 참고할 만한 얘기입니다.

그렇지만 작가에게 고독이 좋은 측면만 있는 것은 아닙니다. 책 읽고, 생각하고, 글 쓰는 것을 반복하면 지적 수준이 높아지게 마련인데, 그러다 보면 보통 사람들과 어울리는 것이 재미없어질 수 있습니다. 예전에는 재미있고 즐겁게 생각되던 대화나 오락이, 지적 수준이 높아지자 유치하고 시답잖게 느껴지는 것이지요. 글을 쓴 결과로 외로움이 심화될 수 있다는 말입니다.

물론 내가 쓴 글을 읽은 독자가 생기는 것은 달가운 일입니다. 발표한 글이 사회적으로 일정한 반향을 불러일으키면, 여기저기서 인터뷰를 해달라, 강의를 해달라, TV에 출연해 달라는 요청을 받기도 합니다. 그럴 때는 외로움을 느낄 새가 별로 없을 겁니다.

그러나 이런 요구를 자주 받는 작가는 극소수에 불과합니다. 대부분 작가는 책을 낸 뒤에도 별다른 생활의 변화가 없습니다. 배우나 가수는 퍼포먼스가 끝나면 현장에서 박수와 환호를 받지만, 작가는 그런 것도 아닙니다. 인터넷이나 SNS를 통해 독자의 반응을 접하기도 하지만, 분위기는 역시 조용한 편입니다. 전반적으로 봤을 때, 작가의 활동은 시끌벅적함과 거리가 멉니다.

글을 쓰면 자신을 발견하게 됩니다

모든 글쓰기는
사회적 작업이다

2010년, 법정 스님은 돌아가시기 전에 "그동안 풀어 놓은 말빚을 다음 생에 가져가지 않으려 하니 부디 내 이름으로 출판한 모든 출판물을 더 이상 출간하지 말아 달라"는 유언을 남겼습니다. 스님의 저서들이 대부분 잘 팔려 나가던 때였습니다.

이런 일이 처음이어서 출판사들로서는 당혹스럽기 그지없었지만, 스님의 평소 지론인 '무소유'를 생각하면 이해되지 않는 바도 아니었습니다. 저도 그렇게 이해했고요. 그런데 다시 생각해 보면, 스님의 조치가 적절했느냐 하는 의문이 들기도 합니다. 책이라는 물건은 단지 상품만이 아니기 때문입니다.

1차적으로 출판이 출판사와의 계약 속에서 이루어진 상거래의 산물인 것은 맞습니다. 그러나 책은 공공재이기도 합니다. 공공에게 이익이 된다는 점에서도 공공재지만, 사회적 산물이라는 점에서도 공공재입니다. 개인이 썼지만 개인의 것만은 아니라는 얘깁니다.

앞서 글쓰기는 혼자 하는 것이라고 했지만, 그것이 '개인적 글쓰기'라는 의미는 아닙니다. 세상에 개인적 글쓰기란 존재하지 않습니다. 심지어 골방에서 쓰고 아무도 보지 못하게 자물쇠로 잠가 놓는 일기도 '사회적 글쓰기'입니다. 일기를 쓰는 사람은 나중에라도, 내가 죽은 후에라도 누군가 내 일기를 보지 않을까 상상하며 글을 씁니다. 일기도 타인의 시선을 의식하면서 쓰는 것입니다.

글에 구현된 생각들은 다른 사람의 지식과 사상을 종합하는 과정에서 생겨난 것입니다. 글로 쓴 생각도 온전히 자기 것이라고 말할 수 없습니다. 작가 유시민은 "배운 것 아흔아홉 줄에 단 한 줄 스스로 생각한 것을 덧붙일 수 있다면, 자신 있게 글을 써도 좋다"고 말한 바 있습니다. 유시민의 말처럼 글의 절대량이 남의 생각으로 채워져 있습니다.

독자들에게 글이 읽히는 과정은 또 어떤가요? 책은 사회적 흐름 속에서 읽히는 것입니다. 법정 스님의 글이 많은 독자의 사랑을 받았지만, 크게 보면 우리 사회에 불었던 힐링 열풍의 연장선상에서 이루어진 일입니다. 피 말리는 각자도생, 승자독식의 신자유주의적

글을 쓰면 자신을 발견하게 됩니다

환경에서 스님의 글이 위로와 안식을 제공했던 것입니다. 가혹한 신자유주의적 환경이 없었다면, 스님의 글은 그렇게 많은 사람의 사랑을 받지 못했을지도 모릅니다.

모든 글쓰기는 어떤 형식으로든 사회에 구속됩니다. 글은 사회 속에서, 사회적 존재로서 쓰는 것이고, 사회적 산물로서 읽히는 것입니다. 글에는 역사나 사회를 둘러싼 다양한 정보가 담겨 있습니다. 또한 일단 발표된 글은 역사와 사회 속으로 파고 들어갑니다.

프랑스의 철학자 미셸 푸코는 "텍스트란 작가 개인이 아니다. 사회의 힘에 의해 써지는 사회적 작업이다"라고 했습니다. 팔레스타인 출신의 저명한 문화비평가 에드워드 사이드는 "텍스트가 세계 속에, 세속적으로 존재한다는 것을 간과하지 말라"고 했습니다. 모두 글쓰기의 사회성을 강조한 것입니다.

작가가 혼자 글을 쓴다고 해서 그것을 비사회적인 행위라고 생각해서는 안 됩니다. 오히려 글을 쓰는 사람은 누구보다 왕성하게 사회와 소통하고 있다고 봐야 합니다. 혼자 글 쓰는 것을 사회적인 작업을 주체적이고 용의주도하게 해나간다는 의미로 받아들여야 합니다.

언론에서 간혹 작가에게 여러 사회 문제에 대해 인터뷰를 요청하는 경우가 있습니다. 그것 또한 글쓰기는 곧 사회적 참여라는 의미를 적극 인정하기 때문입니다. 사회적으로 유폐된 사람이라고 여긴다면, 그럴 이유가 없겠지요. 자신만의 고유한 시각으로 사회를 예의 주시하는 작가들의 시각이 궁금한 것입니다.

영국의 소설가 새뮤얼 버틀러는 이런 말을 했습니다. "글을 쓰면서 회의가 들 때, 100년 후 그것이 무엇을 의미할까 자문해 보면 도움이 될 때가 있다." 요즘은 '독서 트렌드'라는 것이 빨리 변합니다. 그래서 글을 쓰다 보면, 신속하게 변해 가는 트렌드를 쫓아가기도 버겁다는 생각이 들 때가 있습니다.

그러나 그럴수록 버틀러의 말을 상기할 필요가 있습니다. 거창하게 들릴 수도 있지만, 글을 쓴다는 것은 역사에 참여하는 것이기도 합니다. 사회성이 오랜 시간 중첩되면 역사가 됩니다. 시의적절하게 그때그때 필요한 글을 쓰는 것도 의미 없지 않겠지만, 그럼에도 며칠 혹은 몇 달 읽히고 마는 글을 쓴다면 허무할 것입니다.

바다의 표면은 변화무쌍하지만, 심해의 흐름은 느립니다. 오래 읽히는 글을 쓰기 위해서는 바다의 표면에 천착하기보다 심해의 흐름에 주목할 필요가 있습니다. 보다 근본적인 질문을 던지고, 그에 답하는 글을 쓸 필요가 있습니다. 오래 읽히는 작가, 불멸의 작가가 되기 위해서도 필요한 일이지만, 무엇보다 그것이 바로 작가다운 태도일 것입니다.

경험의
사회적 의미를 알아야
글이 된다

글쓰기 강의를 하다 보면, 자기 경험을 글로 써보겠다는 분들이 종종 찾아옵니다. 보통은 나이 지긋한 분들입니다. 긴 세월 살아오면서 겪은 경험들이 후세대에 어떤 참고가 될 것이라는 생각에서겠지요.

우리는 주변에서 "내가 살아온 얘기만 해도 족히 책 한 권은 될 거다"라고 말하는 어른들을 흔히 봅니다. 자기 경험을 쓰는 것만큼 만만하게 생각되는 일도 없습니다. 그냥 쓰면 될 것 같으니까요. 그런데 막상 써보면, 쉽지 않다는 것을 깨닫습니다. 쓰기 전에는 풍부한 메시지를 전달할 수 있을 것 같았는데, 막상 써보면 글이 왜소해지는 느낌을 강하게 받습니다. 그래서 '어휘나 문장력이 딸려서 그런가?' 혹은 '글쓰기의 테크닉을 몰라서 그런가?' 싶어 글쓰기 강의를 들으러 오는 것입니다.

물론 어휘나 문장력, 글쓰기의 테크닉이 부족해서 글이 잘 안 될 수도 있습니다. 그러나 가장 큰 문제는 날 것 그대로의 경험이 곧 글이 될 거라는 생각입니다. 경험이 글이 되려면 '사회적으로 해석'되어야 합니다. 사회적으로 의미가 있는, 사회적 의미가 부여된 경험이 글이 됩니다.

우리의 일상생활에서 밥 먹고, 커피 마시고, 화장실에서 볼일 보고, 잠자는 시간이 차지하는 비중은 상당합니다. 그러나 특별한 일이 없는 한, 이런 일들은 글로 쓰지 않습니다. 왜 그럴까요? 사회적 의미가 별로 없기 때문입니다. 모든 경험이 글이 되는 것이 아니라, 사회적으로 의미 있는 경험이 글이 됩니다.

문학평론가 김우창은 《세 개의 동그라미》에서 이런 얘기를 한 적이 있습니다. "내가 아는 사람 중에 이승만 대통령하고 가까웠던 사람이 있어요. 이승만 대통령이 4·19가 난 후 어지러울 때 자기를 불러 '어떻게 했으면 좋겠냐' 해서, '하야下野하시는 도리밖에 없다'고 말했답니다. 과연 대통령이 하야했지요. 그러니 그 사람은 자기가 중요한 역할을 했다고 생각하는 것이 당연하지요. 그러나 대통령이 그 사람 외에도 10명 또는 30명한테 물어봤을 수가 있어요. 그런데 그 사람은 자기가 중심적 역할을 했다고 생각하지요."

글을 쓰면 자신을 발견하게 됩니다

이승만이 자신의 거취 문제를 물어본 것은 사실일 겁니다. 그렇지만 이승만이 그의 말을 듣고 하야를 결정했다고 믿을 만한 근거는 없습니다. 김우창의 말대로 그는 자문을 구한 여러 명 중 한 명에 불과할 수 있으니까요.

이런 사람이 자서전을 쓴다면, 이 일화를 반드시 언급할 것입니다. 자신이 얼마나 중요한 사람인지, 얼마나 사회적 영향력이 큰 사람인지 보여 주는 사건 중 하나가 될 테니까요. 그럴 때 이 일화가 의미하는 바는 무엇일까요? '4·19 혁명의 성공에 결정적인 역할을 한 사람은 바로 나', '진정한 4·19의 주역은 바로 나'라는 것 아닐까요? 당신들은 잘 모르겠지만, '세상은 나를 중심으로 돌아갔다는 것' 아닐까요?

자서전은 주로 사회적으로 성공한 정치인이나 경제인들이 많이 펴냅니다. 사회적으로 성공한 사람들은 그 성공 때문에 자아도취에 빠지기 쉽습니다. 물론 성공한 사람 중에도 그렇지 않은 사람이 있을 수 있습니다. 문제는 사회적으로 성공한 사람 중에서도 자아도취에 빠진 사람이 자서전을 내는 경우가 많다는 것입니다. 그들이 자서전을 내는 목적은 '자기 과시'와 '대중의 인정'입니다. 사회적으로 성공했으니 이미 적지 않은 부와 권력, 명예를 갖고 있을 텐데도 그렇습니다.

자서전을 쓰는 사람은 성공한 현재 관점에서 자신의 과거를 독해하기 쉽습니다. 대표적인 것이 위인전 콘셉트입니다. 그런 자서전은 어머니가 자신을 낳을 때 태몽을 꾸었는데, 그 태몽부터 범상치 않다거나, 자신은 어릴 때부터 특별한 재능이 있었다고 씁니다. 이런 자서전이 말하고자 하는 것은 무엇일까요? '나는 성공할 만했으니 성공했다', '사회적 성공이 예견되어 있었다'는 것 아닐까요?

사실 사회적 성공에는 우연적 요소가 적지 않게 작용합니다. 일반적으로 사회적 성패의 가장 큰 조건은 출신성분입니다. 즉, 어떤 집안에서 태어나느냐 하는 것입니다. 사실 이것부터가 우연의 소산입니다. 집안을 스스로 선택해서 태어나는 사람은 없으니까요.

물론 비천한 집안 출신인데 사회적으로 성공을 이룬 경우도 있을 겁니다. 그런 사람은 순전히 자신의 노력으로 사회적 성공을 거두었다고 말할지 모르겠습니다. 그러나 그런 사람의 일생을 보면, 도약의 발판이 될 만한 기회가 있었습니다. 그 기회를 놓치지 않고 잘 붙잡아서 성공한 것이지요. 기회를 잘 이용한 것은 그 사람의 능력이라고 할 수 있겠지만, 그런 기회를 만난 것 자체는 운이라고 할 수 있습니다.

자수성가한 사람일지라도 어릴 때부터 자신의 성공을 예견하면서 사는 것은 아닙니다. 노력하며 살다가 '어, 이러다 크게 성공하는 것 아냐?' 하는 느낌을 받을 때가 있었겠지만, 그전까지는 대체로 성공할지 잘 몰랐다고 보는 것이 맞습니다. 그러므로 어릴 때부터 자신의 성공이 예견되어 있었다는 식으로 쓰는 것은 잘못입니다.

자기 경험을 글로 쓸 때는 냉철한 성찰이 필요합니다. 성찰이 없으면 자칫 유치해지기 쉽습니다. 경험의 역사적, 철학적, 사회적 의미를 탐구해야 읽을 만한 글이 됩니다.

경험은
독서와 글쓰기의
좋은 출발점이다

글쓰기 강의를 할 때, "사회적으로 의미가 있는, 사회적 의미가 부여된 경험이 글이 된다"고 말하면, 많은 분이 위축됩니다. 너무 거창하게 들려 '내 경험이 과연 글감이 될까?' 하는 생각 때문입니다. 하지만 그럴 필요 없습니다. 개인의 경험 또한 사회적 존재로서 사회 속에서 이루어지는 것이므로, 경험 속에 본래 존재하는 사회적 의미만 탐구하면 얼마든지 글감이 될 수 있습니다.

제 이야기를 예로 들어 보지요. 저는 양복점 집 아들로 태어났습니다. 저희 집은 두 번 망했는데, 한 번은 제가 초등학교에 입학하기 전이고, 또 한 번은 대학을 졸업하고 얼마 지나지 않았을 때입니다. 대학

글을 쓰면 자신을 발견하게 됩니다

졸업 후 찾아온 집안의 위기는 1997년 외환위기 때문이었습니다.

그리고 경제와 역사에 관한 책을 읽으면서 제가 초등학교 때 겪은 가계 위기 역시 흔히 '오일 쇼크'로 기억되는 1970년대 경제 대공황 때문이었다는 것을 알게 되었습니다. 두 번 다 세계적인 경제 위기가 저희 가계를 파산시킨 것입니다. 후과는 컸습니다. 아버지는, 첫 번째 파산 때는 힘을 내어 다시 일어섰지만, 두 번째 때는 그러지 못했습니다. 술에 대한 의존증이 심해져, 결국 술 때문에 돌아가셨습니다.

두 번째 파산은 제가 성인이 된 이후 맞았기 때문에 외환위기 탓이라는 걸 알고 있었습니다. 그러나 제가 책을 읽지 않았다면, 첫 번째 파산의 원인을 전혀 알지 못했을 겁니다. 그저 쌀독에 쌀이 떨어질 정도로 힘든 시기였고, 결국 빚에 치여 서울에서 아버지 고향인 목포로 낙향했다는 사실만 기억했겠지요.

이런 것은 무엇을 의미할까요? 경험한다고 해서 그 의미를 아는 것은 아니라는 것입니다. 경험의 의미를 제대로 알려면 그 경험과 관련된 책, 특히 인문사회과학 책을 읽어야 합니다. 그런 책을 읽으면 사회 전체적 흐름, 역사적 흐름 속에서 자기의 경험을 파악하게 됩니다. 책을 읽어야 경험의 의미가 명확해지고 재해석됩니다.

물론 책에 들어 있는 모든 내용이 절대 진리라고 말할 수는 없습니다. 그러나 책이 개인의 경험과 비교되지 않을 만큼 많은 지식과 정보를 담고 있는 것은 두말할 나위가 없습니다. 개인의 경험은 자신을 둘러싼 시공간을 벗어날 수 없지만, 책은 그렇지 않습니다. 일반적으로 책을 쓰는 저자들은 해당 주제와 관련해 구할 수 있는 자료를 모두 참고해서 글을 쓰는 경우가 많습니다.

아마 경험 탓일 겁니다. 저는 지금도 경제 공황, 경제위기에 대한 책에 관심이 많습니다. 경제위기에 대한 이론서도 별로 지루해하지 않고 읽습니다. 이렇게 경험을 중심으로 독서해 나가면 투자하는 시간에 비해 많은 것을 알 수 있습니다. 경험은 독서와 글쓰기의 좋은 출발점입니다. 경험은 얼마든지 자신의 지력과 지적 영역을 확장시키는 기제가 될 수 있고, 또 그렇게 되어야 합니다.

미국 전기 작가 캐서린 보언Catherine Bowen은 이렇게 말했습니다. "글쓰기는 이중으로 사는 것과 같다. 작가는 모든 것을 두 번 경험한다. 현실 생활에서 한 번, 앞이나 뒤를 비춰 주는 거울 속에서 또 한 번." 하지만 글을 쓰는 사람은 두 번이 아니라 세 번 경험하는 것 아닐까 생각합니다. 현실 생활에서 한 번, 그에 대한 책을 읽을 때 한 번, 그리고 그에 대한 글을 쓸 때 또 한 번.

결국 글도 '내가 쓰는 것'입니다. 경험은 지금의 나를 형성하고 있는 주된 기제입니다. 글을 쓰고 있는 자신에 대해 알면, 즉 자신에 대한 메타 인지가 가능하면 훨씬 격조 높은 글을 쓸 수 있습니다.

글을 쓰면 자신을 발견하게 됩니다

글쓰기로
고통이 치유될까?

요즘에는 자기 경험을 글로 쓰면 심리치료 효과가 있다며, 글쓰기를 권하는 책이나 강의가 많습니다. 자기 치유로서의 글쓰기 붐은 힐링 열풍의 일환이기도 합니다. 현대 사회는 심리적 고통을 양산하고, 그에 대응한 힐링 산업의 일환으로 치유 글쓰기가 유행하고 있습니다.

글을 쓰면 고통이 사라진다는 견해는 예전부터 있었습니다. 대표적인 예가 러시아 작가 도스토옙스키입니다. 그는 이렇게 말합니다. "글을 씀으로써 나는 위안을 얻는다. 예를 들어 오늘 같은 경우, 먼 과거의 추억이 나를 괴롭히고 있다. 그 추억은 며칠 전 생생한 기억으로 돌아와 지우려 해도 지워지지 않는 짜증 나는 선율처럼 내

안에 계속 도사리고 있다. 어떻게든 없애긴 없애야 한다. ……몇 가지 이유가 있긴 하지만 나는 그것을 글로 적으면 없애 버릴 수 있다고 믿는다."

도스토옙스키의 말은 마법처럼 들립니다. 글로 적으면 자신을 괴롭히는 일이 없어진다니 말입니다. 과연 글쓰기로 자기 치유가 가능할까요? 제 의견은 '효과가 없는 것은 아니지만, 그렇다고 고통을 완전히 사라지게 해주지는 않는다'로 요약할 수 있겠습니다. '치유'라고 단정하긴 힘들지만, '효과'는 있을 것이라는 말입니다.

제 얘기를 해보겠습니다. 저는 얼마 전《학교는 민주주의를 가르치지 않는다》라는 책을 펴냈습니다. 학교 폭력에 대한 내용입니다. 제가 이런 책을 낸 것은 학창 시절의 경험 때문입니다. 제가 중고등학교 시절, 학교 선생들에게 많이 맞았거든요. 급우들과도 자주 싸웠고요. 소위 '문제아' 취급을 받았는데, 이런 경험이 성인이 되어서도 종종 생각났습니다.

언젠가 학교 폭력 문제를 다룬 책을 쓰리라 마음먹었는데, 얼마 전에 출간한 것입니다. 이 책을 내고서야 저는 비로소 '학교를 졸업'한 기분이 들었습니다. 오랫동안 마음에 쌓여 있던 묵은 먼지를 떨어낸 느낌이랄까요? 학교 폭력 문제를 사회적으로 분석함으로써 그 원인을 상당 부분 정리했고, 제가 왜 그랬는지, 제가 왜 문제아 취급을 받았는지도 객관적으로 이해하게 되었습니다.

글을 쓰면 자신을 발견하게 됩니다

학창 시절 문제는 종종 생각나는 정도였지, 제 정신건강을 심각하게 해칠 정도는 아니었습니다. 저와 같은 정도의 문제는 글로 쓰면 '힐링'이 될지도 모르겠습니다. 실제로 이 책을 낸 이후 저는 더 이상 학창 시절 문제에 얽매이지 않습니다. 그러나 트라우마라고 불릴 만큼 심각한 고통도 그럴까요? 예를 들어 일본군 위안부로 끌려가 성폭행을 당한 경우라든가, 군사독재 시절 민주화 운동을 하다 잡혀가 모진 고문을 당한 경우도 치유가 가능할까요?

사람들은 흔히 고통은 시간이 지나면 잊힌다고 생각하지만, 이런 경우는 아무리 시간이 지나도 잊히지 않습니다. 그래서 트라우마인 것입니다. 트라우마는 이후의 삶 전체를 집어삼킵니다. 많은 시간이 지나더라도 결국 그것 때문에 죽기도 합니다.

트라우마란 무엇일까요? 최연소 비전향 장기수로서 심각한 국가폭력의 피해자이면서 광주 트라우마 센터장으로 있는 강용주는 이렇게 설명합니다. "트라우마라는 게 몸과 영혼이 분리되는 거예요. 몸은 여기 있지만 영혼은 그날 그 자리에 갇힌 채 한 발짝도 벗어나지 못하는 거죠."

트라우마를 겪는 사람에게 그 일 이후의 삶은 죽지 못해서 사는 '여생'일 뿐입니다. 이런 트라우마를 치유한다는 건 무엇일까요? 강용주는 또 이렇게 말합니다. "트라우마의 치유라는 건, 그날 그 자리를 회피하는 게 아니고, 그날 그 자리를 객관화시키도록 돕는 거예요." 우리는 이 '객관화'라는 말에서 글쓰기의 치유 '효과'에 대한 실마리를 발견할 수 있습니다.

트라우마를 가진 사람이 그에 대해 글을 쓰면 필연적으로 사건이 벌어진 당시 상황을 '대상화'하게 됩니다. 그리고 그 사건의 사회적 맥락에 대해서도 탐구하게 됩니다. 대상화란 쉽게 말해 '떨어뜨려 놓고 보기'입니다. 자신에게 딱 붙어서 떨어지지 않는 고통과 상황을 떨어뜨려 놓고 바라보는 것입니다. 그 대상화가 사태에 대한 객관적인 판단을 만들어 냅니다.

다시 말하지만, 트라우마는 웬만해선 사라지지 않습니다. 그것은 글을 써도 마찬가지일 수 있습니다. 그러나 글쓰기를 통해 자신이 정신적으로, 지적으로 '성장'하는 것을 느끼면, 그 상처를 '견디면서 살아갈' 힘이 생깁니다. 제가 '치유'라고 단정하긴 힘들지만, '효과' 는 있을 거라고 말한 것은 그런 의미입니다.

트라우마에 시달리는 사람은 대체로 지독한 외로움 때문에 힘들어합니다. 자신의 고통에 대해 말을 꺼내기도 힘들고, 말을 꺼낸다 해도 들어 주거나 이해해 줄 사람이 없다고 느끼기 때문입니다. 그런데 글쓰기는 이 문제를 상당 부분 해결해 줍니다. 글을 쓰면 누군가는 그것을 읽어 주니까요.

트라우마와 정면으로 마주하기란 쉽지 않은 일이지만, 그럼에도 용기를 내어 글을 쓰기 시작한다면, 자신이 생각하고 느낀 것을 꼼꼼하게 다 이야기할 수 있습니다. 누가 닦달하는 것도 아니니, 차분히 시간을 갖고 자료도 찾아보고, 심사숙고해서 글을 써나가면 됩니다. 그렇게 쓴 글을 읽어 주고 아픔을 공감해 주는 사람이 생긴다면, 외로움과 고립감이 상당 부분 완화될 것입니다.

또 하나의 가능성은 앞서 말한 정신적 성장, 지적 성장에 대한 것입니다. 글을 쓰려면, 자연스럽게 자신의 트라우마를 만든 사건과 관련된 자료를 많이 찾아보게 됩니다. 그 과정을 통해 사회적 맥락과 원인, 역사적 배경과 의미를 알게 됩니다. 그러면 트라우마가 완전히 사라지지는 않더라도, 그를 통해 상당한 지적 도약을 이룰 수 있습니다.

이 지적 도약이 매우 중요합니다. 지적 도약을 이루면, 고통이 일정 부분 줄어듭니다. 고통이 자기 성장의 땔감이 되었기 때문입니다. 트라우마란 어찌 보면 정신적으로 성장할 것이냐, 고통 속에서 죽어 갈 것이냐 하는 중대 기로, 즉 정신적으로 성장하지 못하면 죽는다는 절체절명의 상태에 놓인 상황이라고 할 수 있습니다.

고통은 정신적 성장을 요구합니다. 정신적으로 성장해야만 견디면서 살아갈 힘을 얻을 수 있습니다. 글쓰기는 그 정신적 성장에 도움을 줍니다. 그것을 치유라고 부를 수 있다면, 글쓰기는 자기 치유입니다. 그 누구도 아닌, 자기 스스로 치유하는 것입니다.

나만의 것을
만들어 보고 싶다는
욕망

주지하다시피 글쓰기는 돈이 별로 안 됩니다. 물론 돈을 많이 버는 베스트셀러 작가도 있긴 하지만, 극소수일 뿐입니다. 이렇게 돈이 안 되는데도 사람들은 왜 글을 쓰려는 것일까요? 여러 가지 이유가 있겠지만, 그중 하나는 나만의 산물, 내 영혼의 산물을 만들어 보고 싶은 욕구 때문일 것입니다.

현대는 대량생산 사회입니다. 하루에도 엄청나게 많은 생산물이 쏟아지고, 많은 노동자가 이 과정에 참여하고 있죠. 그런데 분업 체제이기 때문에 생산물이 '내 것'이라고 느끼는 사람이 별로 없습니다. 현대 사회는 거대한 분업 시스템으로 이루어져 있고, 노동자들은 하

글을 쓰면 자신을 발견하게 됩니다

나의 톱니바퀴로서 자신에게 주어진 지극히 협소한 작업공정만 반복합니다.

분업 체제는 기획과 실행을 분리시킵니다. 기획하는 사람이 따로 있고, 그것을 실행하는 사람이 따로 있습니다. 기획에서 배제된 채 단순노동만 하는 노동자는 당연히 그 산물에 대해 '내 것'이라는 느낌을 가질 수 없을 것입니다. 그러면 기획하는 사람은 어떨까요? 일반적으로 여러 사람이 함께 기획하는 경우가 많아, 기획하는 사람들도 생산물이 '내 것'이라고 생각하는 이가 많지 않을 것입니다.

결론적으로 현대 사회에는 생산물이 넘쳐나지만, 영혼의 산물이라고 할 만한 것은 오히려 드물다고 할 수 있습니다. 이에 대한 반대급부로 사람들이 글쓰기를 비롯한 여러 문학예술 창작 활동에 관심을 갖는 것 아닐까요? 내 영혼과 정신이 온전히 투영된 무언가를 만들어 보고 싶은 욕망이 생기는 것 아닐까요? 본래 노동이 지닌 인간적인 성격에 대한 끌림이 있는 것 아닐까요?

예전에는 예술가 외에도 무수한 분야에서 장인들이 포진해 있었습니다. 그러나 산업근대화를 거치면서 거의 다 사라졌습니다. 그 결과, 지금은 '영혼의 산물'이라 할 만한 것이 문학예술 분야에만 겨우 남아 있는 실정입니다. 생존에 급급하면 엄두가 나지 않겠지만 시간적, 경제적, 심리적으로 어느 정도 여유가 생기면 많은 사람이 문학예술에 눈을 돌리는 이유입니다.

글은 기본적으로 자기 정신의 표현입니다. 글만큼 자기 정신을 표현하는 최적의 도구는 없습니다. 독일의 철학자 니체는 독서가 "나를 나 자신으로부터 해방시키고, 나를 다른 사람의 혼魂 속을 거닐게 한다"고 말했습니다. 글 쓰는 사람 입장에서 바꿔 보면, 글을 쓰면 다른 사람으로 하여금 내 혼 속을 거닐게 할 수 있다는 말이 됩니다. 글쓰기는 한 사람의 사상과 감정을 다른 사람에게 전달하는데 가장 직접적이고 효과적인 방식입니다.

글을 쓰는 과정은 기획과 실행이 일치합니다. 글을 쓰는 사람은 무엇에 대해 쓸지, 어떤 문체와 어떤 난이도로 쓸지, 어떤 문헌들을 참고할지, 어떤 순서로 할지, 누구를 독자로 삼을지 등을 스스로 정하고 스스로 실행합니다. 그러므로 생산 활동에서 자기 소외가 발생하지 않습니다. 내가 쓴 글은 온전히 내 정신과 노력의 산물입니다. 결과물이 훌륭할 수도 있고 조금 부족할 수도 있지만, 훌륭하면 훌륭한 대로 모자라면 모자란 대로 성취감이 있고, 애착이 갈 수밖에 없습니다.

이쯤에서 하나 살펴봐야 할 것이 있습니다. 저는 창작자의 영혼과 정신이 온전히 투영된 생산물을 '내 것'이라고 표현했습니다. 현대 사회에 넘쳐나는 '영혼 없는 생산물'의 대립물로서 그렇게 부른 것입니다. 또한 앞서 모든 글은 '사회적 산물'이라고 말한 바 있습니다. 그렇다면 '내 것', 즉 '개인적인 것'이면서 동시에 '사회적 산물'이

글을 쓰면 자신을 발견하게 됩니다

라는 말인데, 이것을 어떻게 이해해야 할까요?

이에 대해서는 시인이자 문학평론가인 이승훈의 글을 참고할 수 있습니다. 그는 《포스트모더니즘 시론》에서 이렇게 주장했습니다.

> 작가들은 무엇 때문에 글을 쓰는가? 타고난 팔자 때문에 쓴다고 하면 더 이상 할 말이 없다. 배설행위나 자기 구원 때문에 쓴다 해도 그렇다. 그것은 어디까지나 개인의 문제다. 이렇게 주장하는 사람들은 글을 쓰기만 하면 되지, 발표까지 할 필요는 없으리라고 본다. 또 한편으로는 글쓰기의 목적이나 기능이 사회현실을 비판하고, 좀 더 나은 삶의 세계를 건설함에 있다고 여기는 작가들도 있다. 여기에도 논리적 모순이 있다. 개인을 사회에 양도하고 마는 주체성의 상실이 발생한다. 참된 예술 행위에는 주체와 사회의 변증법적 만남이 요구된다.

그의 말은 이렇게 이해하면 되겠습니다. 글은 개인의 산물만도 아니고 사회적 산물만도 아니며, 개인과 사회 사이에서 생산되는 거라고요.

비유하자면 이런 것입니다. 어떤 사람이 북을 두드립니다. 그럴 때, 북소리는 어디서 나는 것일까요? 북에서 난다고도 할 수 없고, 북채에서 난다고도 할 수 없습니다. 그렇다고 북을 두드리는 사람의 손에서 난다고도 할 수 없지요. 북소리는 이 세 가지가 결합되어 나는 것입니다. 글도 마찬가지입니다. 글이란 글을 쓰는 사람과 사회 사이에서 일어나는 공명共鳴 같은 것입니다.

글쓰기가
사회적 자아를
확장시킨다

글이 잘 안 되는 이유는 여러 가지가 있습니다. 그중 가장 흔한 이유는 가장 기본적인 것입니다. 글감이 없기 때문입니다. 실제로 글쓰기 강의를 해보면, 글을 쓰고 싶은 마음은 간절한데 글감이 없는 분이 많습니다. "쓰고 싶은 글감이 있습니까?" 하고 물어보면, 대답하지 못하는 분이 많지요.

당연한 말이지만, 글을 쓰려면 글감이 있어야 합니다. 글을 쓰고자 하는 '마음'만으로는 글이 이루어지지 않습니다. 그렇다면 글감은 어떻게 해야 생길까요? 우선 사회에 관심을 많이 가져야 합니다. 거의 모든 글감은 사회에서 나온다고 해도 과언이 아니기 때문입니다.

사회에 관심이 없으면 아무래도 개인적인 경험에 의지해서 쓰게 됩니다. 개인적 경험에서 글이 출발하는 것이 나쁘다는 얘기가 아닙니다. 얼마든지 그럴 수 있습니다. 앞서 말했듯이, 그 사회적 의미만 담을 수 있다면요. 그런데 사회에 관심이 없으면 사회적 의미도 담기 어렵다는 데 문제가 있습니다.

사회에 관심이 없으면, 글을 쓰더라도 글감이 금방 고갈됩니다. 개인적인 경험에서 우러나온 글 몇 편 쓰고 나면 더 이상 쓸 것이 없지요. 반대로 사회에 관심을 갖게 되면, 글감이 넘쳐납니다. 쓰고 싶은 글감이 너무 많아져서 '내가 이 많은 글감을 다 쓰고 죽을 수 있을까?' 하는 생각이 들기도 합니다.

글감과 문제의식은 거의 같은 말입니다. 글을 쓰려면 문제의식이 있어야 하는데, 문제의식은 늘 사회에서 나옵니다. 특히 사회적 고통에 관심을 많이 가질 필요가 있습니다. 문제는 항상 고통의 모습을 하고 나타나기 때문입니다. 사회적 고통은 조금만 눈을 돌리면 어디에나 있기 때문에, 그것에 주목하고 관심을 갖는 것은 그리 어려운 일이 아닙니다. 사회는 글감의 노다지입니다.

사회문제에 아직 관심이 많지 않다면, 우선은 '자신'으로부터 출발할 수밖에 없습니다. 저는 세계적인 경제위기에 따른 두 번의 가계 파산을 목격했다고 앞에서 말했습니다. 그것 때문에 경제위기 문제에 관심이 많고, 그와 관련된 책 보는 걸 좋아한다고 말했지요. 그

글을 쓰면 자신을 발견하게 됩니다

런 식으로 탐구해 나가면 자연스럽게 글감이 생깁니다.

개인과 사회는 동떨어진 것이 아닙니다. 개인도 사회적 존재로서 살아간다는 점을 염두에 두고 자기 개인사를 탐구해 나가면 됩니다. 예를 들어 자기 집안의 역사만 파고들어도 조부모 혹은 부모 세대에 한국전쟁의 상흔이 고스란히 남아 있는 것을 확인할 수 있습니다. 우리는 흔히 역사 문제를 역사책에나 나오는 것으로 여겨 나와 무관하다고 생각하지만, 이 땅에 살았던 모든 사람은 어떤 식으로든 전란의 영향을 피할 길이 없었습니다. 조부모 혹은 부모가 겪은 고통은 어떤 식으로든 나에게 영향을 미쳤다고 봐야 합니다.

살면서 느끼는 불만, 불안, 불편함도 파고들면 얼마든지 글감이 될 수 있습니다. 한 사람이 느끼는 불만, 불안, 불편함 역시 개인의 문제가 아닙니다. 비슷한 느낌을 가진 사람은 주변에 얼마든지 있기 때문입니다. 나뿐 아니라 많은 사람이 비슷한 느낌을 받는다면, 그것은 사회적인 문제입니다. 모두 잠재적인 글감이지요.

글감을 만들려면 자신의 관심과 고통, 불편함에 무관심하지 말아야 합니다. 그것을 적극적으로 이용해 관련 자료나 책을 찾아봐야 합니다. 그러면 해당 주제에 대해 많은 것을 알게 되고, 생각도 많아집니다. '이건 좀 독특하다. 어디서도 들어 본 적이 없다', '이런 사상이나 감정은 나만 갖고 있는 것 같다'는 느낌이 드는 것을 발견했다면, 드디어 글감이 생긴 것입니다. 그 사상이나 감정을 주인공으로 삼고, 관련 자료와 책들을 들러리 삼아서 쓰면 훌륭한 글이 될 수 있습니다.

하나의 주제는 다른 여러 주제와 연결되어 있게 마련입니다. 어떤 하나의 주제로 글을 쓰고 나면, 그와 연관된 다른 주제에도 계속 관심이 갑니다. 자연스럽게 '관심의 연쇄 확장'이 이루어지는 것입니다. 관심의 확장이 반복되면, 다양한 사회적 문제들이 모두 내 문제처럼 여겨집니다. 어느 순간 독서량이 폭발적으로 늘어나는 것은 그 때문입니다. 모두가 '내 문제'가 되니 그 문제를 해결하기 위해 읽어야 할 책이 폭발적으로 늘어나는 것입니다. 폭발적으로 늘어난 독서량은 다양한 글감으로 연결됩니다.

한 작가의 저서 목록을 관찰해 보면 앞서 낸 책과 뒤에 낸 책이 서로 밀접하게 관련된 경우가 많습니다. 그것이 쌓이면서 일정한 흐름과 방향이 만들어집니다. 모두 '관심의 연쇄 확장' 때문입니다.

작가들이 여러 사회 문제에 전방위적으로 관여하고 참견하며, 여러 사회 문제에 대해 주체적 관점에서 얘기할 수 있는 지식인이 되는 것도 그 때문입니다. 의도적으로 지식인이 되어야겠다고 해서 그렇게 되는 것이 아니라, 글을 쓰려고 하다 보니 어느 순간 지식인 버금가는 사람이 되는 것입니다.

글을 쓰다 보면 사회적 존재로서의 자기 위상이 강화됩니다. 개인적 자아에서 사회적 자아로 진화합니다. 글쓰기가 사회 참여를 유

글을 쓰면 자신을 발견하게 됩니다

도하기 때문입니다. 글을 쓰는 사람은 어떤 식으로든 자신이 발표한 글이 사회에 일정한 반향을 불러일으키는 것을 목도하고, 그에 대한 책임도 의식하는 방향으로 나아가게 됩니다.

2장

읽기는 어떻게
쓰기가 될까?

모든 작가는
본래 독자였다

미국의 소설가 고어 비달Gore Vidal은 이런 말을 한 적이 있습니다. "오늘날 진정한 독자는 없고 오직 작가 지망생들만 있다." 정말로 현실이 이렇습니다. 책은 읽지 않으면서 글을 쓰겠다고 덤비는 사람들이 적지 않습니다. 글쓰기는 테크닉이기 때문에 어디 가서 똑 부러진 선생 하나 잘 만나 그 기술만 배우면 글을 잘 쓸 수 있다고 믿는 것입니다.

사교육이 발달한 시대이기 때문에 그렇기도 하겠지요. 사교육 기관들은 "여기 와서 강의를 듣기만 하면, 누구나 글을 잘 쓸 수 있다"고 홍보합니다. 책을 많이 읽든 안 읽든 상관없이, 많은 사람이 와

글을 쓰면 자신을 발견하게 됩니다

서 강의를 들어야 수익이 나는 구조니까요.

그러나 아무리 강의를 열심히 들어도 책을 많이 읽지 않으면 글을 잘 쓸 수 없습니다. 글을 잘 쓰려면 시간을 투자해서 홀로 책과 씨름하는 시간이 절대적으로 필요합니다. 책을 많이 읽는 사람이 모두 작가가 되는 건 아니지만, 모든 작가는 열혈 독자였다는 사실을 상기할 필요가 있습니다.

글쓰기와 독서의 관계는 파고 들어가면 좀 묘합니다. 열혈 독자 중에서 필자가 나오는 것은 맞지만, 반대로 글을 쓰려고 마음먹으면 더 많은 독서를 하게 된다는 것도 맞기 때문입니다.

글을 쓰려면 많은 지식과 참고문헌이 필요합니다. 따라서 글을 쓰면 책을 안 읽던 사람도 읽게 되고, 책을 읽던 사람은 더 많은 책을 보게 됩니다. 글쓰기와 독서는 상호 되먹임 관계에 있습니다. 글쓰기가 독서를 부추기고, 독서를 통해 아는 게 많아지면 글을 쓰고 싶은 마음이 더 생깁니다.

혹자는 독서가 무용성無用性을 지향해야 한다고 말합니다. 독서는 어떤 쓸모에 국한되는 것이 아니며, 그 자체로 가치 있는 행위라는 얘기겠지요. 틀린 말은 아닙니다. 그러나 독서도 쓸모가 있으면, 더 열심히 하게 됩니다. 그냥 막연하게 지식과 교양을 쌓기 위한 독서를 하면, 아무래도 게을러지기 십상입니다.

글쓰기는 독서를 통해 알게 된 것을 가장 효과적으로 써먹을 수 있는 방법입니다. 글을 쓸 때 읽은 것을 직접 인용하거나 간접 인용하기도 하고, 참고할 수도 있습니다. 혹은 읽은 것에서 새로운 글감의 아이디어를 떠올릴 수도 있고요.

글을 쓰는 사람만큼 독서의 효용을 실감하는 사람은 없습니다. 그 쓸모를 실감하니, 자연히 글을 쓰지 않는 사람보다 지속적이고 열정적으로 독서를 하게 됩니다.

독서를 하면 아는 것이 많아집니다. 흔히 모르는 것이 많으면 궁금한 것이 많고, 궁금한 것이 많으면 더 많은 책을 읽게 된다고 생각하기 쉽습니다. 그러나 실은 아는 것이 많다는 그 사실 때문에 더 많은 독서를 하게 됩니다. 독서가 독서를 낳는 선순환이 생기는 것입니다. 비유하면 이렇습니다.

우리가 인터넷 검색을 하다 보면, 유달리 연예인 관련 기사를 많이 클릭하게 됩니다. 평소 좋아하는 연예인에 관한 기사라면 관심이 많아 그러려니 할 수도 있지만 좋아하지도 않고 관심도 별로 없는 연예인에 대한 기사도 자주 클릭합니다. 이유가 뭘까요?

그것은 각종 오락·토크쇼 프로그램을 통해 연예인들에 대한 정보를 이미 너무 많이 알고 있기 때문입니다. 누가 어느 동네에 사는지, 다른 연예인 누구와 친한지, 그가 어떤 사업을 하다 망했는지, 그가 어떤 집안에서 태어났는지, 그가 무슨 병을 앓았는지, 그가 어떤 취미를 갖고 있는지, 그가 언제 누구와 사귀거나 결혼했다가 헤어졌는지 등 별의별 정보를 다 알고 있습니다. 웬만한 친구보다 연예인의 사생활을 더 많이 아는 경우도 허다합니다.

이런 상태에서 특정 연예인에 대한 새로운 소식이 인터넷에 뜨면, 그것이 궁금해서 클릭하게 됩니다. 말하자면 우리 머릿속에 들어 있는 그 연예인에 대한 인지망에 구멍이 난 것을 확인하고, 그것을 메우기 위해 클릭하는 것입니다.

독서도 마찬가지입니다. 아는 것이 많으면 내가 무엇을 모르는지 인지하기 쉽고, 그 구멍을 독서를 통해 메워 나갑니다. 그러나 모르는 것이 많은 사람은 무엇이 궁금한지 모릅니다. 궁금한 것이 있어야 그에 대한 책을 찾아서 읽을 텐데, 궁금한 것이 없으니 독서도 잘 안 하게 됩니다.

이런 점에서 보면, 독서는 초반이 어렵습니다. 일단 책을 읽기 시작하면 점점 가속도가 붙어 더 많은 책을 읽게 됩니다.

글 쓰는 사람이 누구보다 더 열독하는 이유는 또 있습니다. 글 쓰는 사람은 단순히 독자 입장에서만 글을 보지 않습니다. 글을 쓰는 동료로서도 글을 읽습니다. 그것은 같은 일을 하는 업자가 동료 업자가 하는 일을 일반 소비자보다 더 면밀히 파악하는 것과 비슷합니다.

글 쓰는 사람은 잘 쓴 글을 볼 때, 그렇게 잘 쓰려면 얼마나 많은 노력과 내공이 필요한지 실감합니다. 글을 써본 사람으로서, 그 힘든 창작 과정을 구체적으로 짐작합니다. 일반적인 독자는 텍스트의 내용을 배우지만, 글을 쓰는 사람은 독서를 통해 창작 과정도 유추합니다. 그러니 독서가 훨씬 즐거울 수밖에 없지요.

글을 쓰면 자신을 발견하게 됩니다

나만의 독서 편력이
독창성을 만든다

미국의 철학자 랠프 월도 에머슨은 이런 말을 했습니다. "나의 가장 훌륭한 생각들은 모두 이미 고대인들이 무단 도용했다." 말이 재밌습니다. 도용은 후대 사람이 하는 것이지 선대 사람이 할 수는 없기 때문입니다. 그럼에도 글을 쓰려는 사람들은 에머슨의 말에 많이 공감할 것입니다.

'야, 내가 이런 생각을 하다니. 신선한데?' 하면서 글을 써볼까 했는데, 비슷한 생각을 한 사람이 이미 펴낸 책들을 발견합니다. 그럴 때면, 이미 선배 필자들이 다 써놓아 내가 쓸 것이 남아 있지 않다는 생각이 들기도 합니다.

글쓰기 책이나 강의에서 흔히 듣는 '독창적으로 쓰라'는 말은 그래서 더욱 반감이 듭니다. '쓸 것이 남아 있지 않은데, 뭘 독창적으로 쓰라는 말이냐?' 하는 생각이 드는 겁니다. 실제로 '독창적으로 쓰라'는 말은 하나마나한 말처럼 들리기도 합니다. 독창적으로 쓰고 싶어도 못 쓰는 사람은 많지만, 쓰기 싫어서 안 쓰는 사람은 없기 때문이지요.

글쓰기에서 독창성을 구성하는 것은 필자 고유의 메시지, 문체, 형식입니다. 문제는 독창성을 어떻게 만들어 나가는가 하는 것인데, 지금은 '책 읽기'에 대한 이야기를 하고 있으니, 우선 독서와 독창적 사고의 관계에 대해서 말해 보겠습니다.

우선, 글을 쓰려면 책을 읽어야 합니다. 그럼 어떤 책을 읽어야 할까요? 책을 고를 때, 가장 중요한 것은 자신이 무엇을 궁금해하고, 무엇에 관심이 있으며, 어떤 문제의식을 갖고 있는지 파악하는 것입니다. 그러고 나서 그에 맞는 책을 찾아 읽어야 합니다.

자신의 관심, 문제의식, 궁금증에 맞는 책을 읽어야 용의주도하고, 주체적이며, 자율적인 독서가 됩니다. 이런 독서를 해야 열독하게 되고 투자하는 시간 대비 지력도 빨리 발전하며 글감도 생깁니다. 반대로 이것들과 유리된 '의무적인 독서'를 하면 똑같은 시간과 노력을 들여도 얻는 것이 적고, 지력의 발전도 늦습니다. 무엇보다 독서를 하는 것이 지루하고 피곤하게 느껴지지요.

글을 쓰면 자신을 발견하게 됩니다

책이 사람의 사유에 미치는 영향은 결정적입니다. 무슨 책을 읽었느냐에 따라 그 사람의 정신이 다르게 형성됩니다. 세상에는 책이 많습니다. 그러므로 자기 관심에 따라 책을 골라서 읽으면, 무수한 독서 편력의 경우의 수가 나온다고 할 수 있습니다. 독창적인 정신이 생겨날 가능성이 여기에 있습니다.

또 하나 감안해야 할 것은 독해입니다. 앞서 말했듯이 모든 독자는 자신이 갖고 있는 문화, 경험, 지식, 관념, 사고방식, 정서를 바탕으로 독해합니다. 그렇기 때문에 똑같은 책을 읽어도 조금씩 다르게 독해하는 거죠. 이렇게 각기 다른 독서 편력에, 각기 다른 독해가 결합된다는 것을 감안하면 어떻습니까? 주체적인 독서를 한다면, 자연스럽게 나만의 정신이 생길 거라고 예측할 수 있지 않을까요?

독창적 사고를 논할 때, 가장 중요한 것이 위치성입니다. 사람마다 가지고 있는 위치성이 다릅니다. 똑같은 위치성을 갖고 있는 사람은 단 한 사람도 없습니다. 사람의 위치성을 만들어 내는 출신 지역, 학벌, 가문, 젠더, 계급, 세대, 정치적 당파성 등에서 똑같은 조합을 가진 사람은 드뭅니다. 그 위치성을 바탕으로 책을 독해해 나간다면 자연스럽게 독창적인 사고를 구현하게 됩니다.

독창적 사고에만 국한해서 말하면, 저는 오히려 비주류적 위치성이 유리하다고 생각합니다. 왜냐하면 사회적 주류가 하는 주류적 사고는 말 그대로 '사회를 지배하고 있는 사고'여서 별로 새로울 게 없기 때문입니다. 자신의 위치성 중에서 비주류적 성격을 가진 것이 있다면, 독창성 면에서 축복받은 것이라고 할 수 있습니다.

예를 들어 여성, 장애인, 동성애자, 빈민, 노동자 같은 사회적 약자들은 비주류적 위치에 있습니다. 자신의 위치에서 세계를 바라보면 주류들과 다른 세계가 보일 수밖에 없습니다. 앞서 글을 쓰려면 문제의식이 있어야 한다고 말했습니다. 그리고 그러한 문제의식을 갖기 위해서는 사회적 고통에 무관심하면 안 된다고도 말했습니다. 생각해 보면, 사회적 고통의 최전선에 있는 사람들이 바로 사회적 약자입니다. 사회적 문제를 가장 잘 체감할 수 있는 위치에 있기 때문에, 주체적인 독서를 한다면 그 누구보다 문제의식을 획득하기 쉬울 것입니다.

문제는 이들에게 독서하고 글을 쓸 만한 심리적, 경제적, 시간적 여유가 잘 보장되지 않는다는 점입니다. 나아가 사회적 약자들은 의식 통제의 주된 대상입니다. 그래서 누구보다 사회의 지배적 사고를 충실하게 내면화하는 경우도 흔합니다. 한마디로 사회적 약자들은 이중의 특성을 갖고 있습니다. 주류의 세계관을 벗어난 독창적 사고를 할 가능성과 주된 의식 통제 대상이라는 특성입니다.

글을 쓰면 자신을 발견하게 됩니다

작가는
호락호락하지 않은
독자다

흔히 읽기와 쓰기를 나눕니다. 그러나 파고들면, 읽기와 쓰기는 명확하게 구분되지 않습니다. 그것은 하나의 과정일 뿐입니다. 읽기가 곧 쓰기입니다. 읽는 수준이 높아져야 쓰는 수준도 높아집니다.

글쓰기란 내가 세상이라는 텍스트를 어떻게 읽었는지를 쓰는 것입니다. 한마디로 글쓰기는 '세상 읽기'입니다. 세상을 읽으려면 어떻게 해야 할까요? 세상을 뚫어져라 쳐다보기만 하면 읽힐까요? 물론 세상에 대한 관찰도 필요합니다. 그러나 '관찰'도 책을 읽으면서 해야 보입니다. 보이는 게 있어야 쓸 것이 생기고요.

세상 읽기는 책 읽기와 다르지 않습니다. 세상이 이렇다 저렇다

하는 것은 모두 책에 들어 있습니다. 세상을 나름대로 깊이 읽었다는 사람들은 그것을 모두 책에 적어 놓았습니다. 글을 쓰는 사람은 그 책들을 읽고, 그 책들을 언급하며 세상에 대한 이야기를 다시 합니다. 책에 대한 이야기가 곧 세상에 대한 이야기가 되는 것입니다.

브라질의 교육사상가 파울루 프레이리는 "문해文解란 단지 글만 읽는 것도 아니요, 오로지 세계만 읽는 것도 아니다. 이 둘은 변증법적으로 결속되어 있다"고 했습니다. 글을 쓰는 사람은 세상에 대해 말함과 동시에 책에 대해 말하는 것입니다.

책을 통해 세상을 본다는 것은 저자들이 보라는 대로 세상을 보는 것을 의미할까요? 그렇지 않습니다. 모든 읽기에는 '독자의 몫'이라는 게 존재합니다. 읽기는 생각보다 주체적인 과정입니다. 똑같은 텍스트를 읽어도 독자들마다 생각하는 것, 느끼는 것이 다릅니다. 사람마다 문화, 경험, 지식, 관념, 사고방식, 정서가 다르기 때문입니다.

물론 독자가 필자를 맹목적으로 추종하는 경우에는 필자의 의도가 일방적으로 수용될 수도 있습니다. 그러나 일반적으로 독자들은 텍스트를 흡수도 하지만, 머릿속으로 변형도 하고, 자신이 신뢰하는 텍스트와 비교하거나 자신의 기억과 연관시킵니다. 그렇게 함으로써 독자 자신의 텍스트를 짜나갑니다.

글 쓰는 사람은 일반 독자보다 주체적 읽기와 비판적 읽기가 더 활발하게 이루어집니다. 글을 쓰는 사람은 책을 그냥 보지 않습니

글을 쓰면 자신을 발견하게 됩니다

다. 다른 사람의 책에서 글감이 될 만한 것을 발견하려고 눈에 불을 켭니다. 예를 들어 이런 생각을 하면서 책을 봅니다.

'이런 주제는 꽤 흥미롭군(좀 더 관심을 갖고 이와 관련된 다른 책들도 읽어 봐야겠다)', '나 같으면 여기 이 대목을 이렇게 안 쓸 텐데(다르게 쓸 텐데)', '이 문장은 다음에 글 쓸 때 써먹어야겠다(인용하거나 참고해야겠다)', '이 필자가 알량한 글재주로 독자를 기만하고 있군(당신은 조만간 내 날카로운 비판의 칼날을 받으리라)', '설명과 맞지 않는 것도 있는데, 그에 대해서는 언급하지 않는군(보충설명이 필요하다)', '이 부분에선 필자가 혼동했네(정밀함이 떨어진다)', '이 부분에 대해서는 무슨 말을 하려다 흐지부지하네(무슨 이유가 있나?)', '이 문제와 관련해서는 저번에 읽었던 ○○ 책이 생각나는군(그 책을 다시 뒤져 봐야지)'.

글을 쓴다는 것은 책들을 읽고, 그 내용을 꼼꼼히 따져서 찬성하거나 반대하는 것입니다. 혹은 보충 설명을 하고, 다른 생각을 개진하고, 필자의 생각에 내 생각을 보태어 더 진전시키는 것입니다. 책에 나온 내용과 나의 내용을 연관시키고, 예외에 대해 언급하는 것입니다. 그러기 위해서는 읽기가 선행되어야 합니다.

글쓰기란 결국 이미 쓰인 텍스트들에 대해 비판적으로 코멘트하기입니다. 코멘트하기는 '함께 사유한다'는 의미입니다. 저자와 함께 사유하고, 나 이외의 독자와 함께 사유합니다. 텍스트는 독자에 의해 언급되기를 바라는데, 글 쓰는 사람은 제 역할을 충실하게 하고 있는 것입니다.

　모든 작가는 작가이기 이전에 독자입니다. 그러나 다른 필자의
품에 쉽게 안기지 않는, 호락호락하지 않은 독자입니다. 그 호락호
락하지 않음이 자신만의 생각을 만들어 내고 자신만의 텍스트를 만
들어 냅니다.

'깊이 읽기'를 해야
글을 쓸 수 있다

책은 언어의 성찬입니다. 작가들은 언어를 치밀하게 직조해 한 권의 책을 완성합니다. 언어가 치밀하게 직조된 책을 읽고 있으면 자연스럽게 이런저런 생각이 떠오릅니다. 글 쓰는 사람이 책을 읽어야 하는 이유가 바로 여기에 있습니다. 일반적으로 독자들은 무언가를 배우기 위해 책을 읽는 경우가 많습니다. 물론 배울 게 있으면 배워야 합니다. 그러나 글을 쓰려면 책을 읽다가 떠오른 자기 생각에 더 주목해야 합니다.

뭔가 생각이 떠오르면 그냥 넘어가지 말고 모두 메모해 놔야 합니다. 저는 따로 메모장을 만들지 않습니다. 색연필을 손에 쥐고 책을 읽다가 내키는 문장이 있으면 밑줄을 긋습니다. '내키는 문장'의 성격은 다양합니다. 평소 내 생각의 논리와 근거가 될 만한 내용, 마음에 드는 문장, 알고 있어야 할 지식이나 개념어, 좋은 표현, 혹은 비판할 만한 내용 등입니다. 그리고 떠오르는 생각이 있으면 책 여백에다 바로 적어 놓습니다. 제가 읽은 책에는 이런 밑줄과 메모들이 바글바글합니다.

물론 이렇게 하면 책이 지저분해집니다. 제가 이런 말을 하면 간혹 "저는 책을 깔끔하게 보는 것이 습관이 돼서 그렇게 못 하겠습니다"라고 말하는 분들이 있습니다. 저도 이런 분들을 위해 다른 방법이 없나 고민해 본 적이 있는데, 아무리 생각해도 그냥 책 여백에 메모하는 것이 가장 간단합니다.

메모는 간단하게 할 수 있어야 많이 합니다. 책이 아닌 다른 곳에 메모하려면 책과 펜, 메모장을 한꺼번에 들고 독서해야 하는데, 그러려면 책상이 있어야 합니다. 책상 앞에서만 책을 읽고 메모할 수 있다면 아무래도 덜 하거나 안 하게 됩니다.

저는 책에 색연필을 끼워서 가지고 다니면서, 어디서나 틈만 나면 읽고 메모합니다. 이렇게 하면 전철에서도, 공원에서도, 심지어 길거리에서 잠시 누구를 기다릴 때도 읽고 메모할 수 있습니다. 글을 쓰려면 책을 숭배하기보다 도구라고 생각하는 것이 좋습니다. 글을 쓰는 사람에겐 모든 책이 참고문헌일 뿐입니다. 제아무리 좋은 책이라도 그렇습니다.

책을 너무 아까워하지 말아야 합니다. 책을 장식용으로 서재에 꽂아놓으려면 깔끔해야겠지만, 그렇지 않고 내 머릿속에 꽂아 놓으려면 이렇게 밑줄 긋고 메모하면서 보는 것이 좋습니다. 나의 밑줄과 메모가 바글바글한 책은 세상에 한 권밖에 없는 '내 책'입니다. 그것은 누구를 줘서도 안 되고, 잃어버려도 안 됩니다. 그 책은 필자의 생각만 담겨 있는 것이 아니라 내 생각도 함께 적힌 '공저共著'나 다름없습니다.

내 메모가 중심이 되고, 밑줄 그은 내용이 인용되거나 참고가 되면 어떻게 될까요? 필자의 책에서 '내 저서'로 변합니다. 여기에 글쓰기의 비밀이 있습니다.

정리하면 이렇습니다. 밑줄 긋고 메모하기 전에는 필자의 저서입니다. 이 책은 시중에 나와 있는 동명의 책들과 다를 바 없는 '원 오브 뎀one of them'입니다. 그러나 이 책에 밑줄을 긋고 메모를 하면 세상에 하나밖에 없는 '온리 원only one'이 됩니다. 메모를 중심으로, 밑줄 그은 내용들을 들러리 삼아 글을 쓰면 '마인mine'이 됩니다. 이런 단계를 거쳐 남의 저서가 내 저서로 역변됩니다.

이런 얘기를 들으면, 어떻습니까? 작가들에게 '글쓰기의 비밀을 알려 달라'고 했을 때, "책을 많이 읽어라"와 같은 식상한 얘기만 나오는 이유가 이해되지 않나요? 사람들이 '글쓰기의 비밀' 같은 것에 집착하는 것도 그 비밀이 귀한 것이 아니라 너무 흔한 것이기 때문입니다. 그래서 그런 뻔한 것이 비밀일 리 없다고 여겨 '비기秘技'를 알려 달라고 하는 것입니다.

비기 같은 것은 없습니다. 일반인들과 다른 독서 방법의 차이가 있다면, 눈으로만 책을 읽지 않고, 손으로 메모하면서 읽는다는 것뿐입니다. 그러나 차이가 큽니다. 여러분도 해보면 느끼겠지만, 이렇게 하면 글을 훨씬 깊이 읽게 됩니다.

밑줄 긋고 메모해 두면 잘 잊어먹지 않습니다. 책 내용과 연관된 내용을 메모해 놓았으니 책 내용을 더 잘 기억합니다. 읽은 내용과 메모 내용이 머릿속에 남아 있다는 것은 매우 중요합니다. 머릿속에 남아 있는 내용이 많아야 그것을 기반으로 다른 생각이 다시 떠오르기 때문입니다.

학교 다닐 때 흔히 쓰는 '깜지'를 기억하나요? 우리는 눈으로만 외우는 것보다는 쓰면서 외우는 것이 조금이라도 더 효과적이기 때문에 깜지를 썼습니다. 책에 밑줄 긋고 메모하는 것도 마찬가지입니다. 그런데 깜지와 책에 밑줄 긋고 메모하는 것은 비슷하면서도 다른 점이 있습니다.

깜지는 '내 신념'과 관계없이 무조건 외우는 것을 목표로 합니다. 그러나 책을 읽다가 밑줄 긋고 메모하는 것은 '내 신념'과 관련이 있습니다. 그래서 비슷한 것처럼 보여도 차이가 큽니다. 깜지의 내용

글을 쓰면 자신을 발견하게 됩니다

은 시험을 보고 나면 잊기 쉽지만, 독서하면서 밑줄 긋고 메모한 내용은 잘 잊어먹지 않습니다.

메모는 '깊이 읽기'의 시작이면서 글쓰기의 시작입니다. 저는 글쓰기 강의를 할 때면 "메모를 하면 글을 쓰고, 메모를 안 하면 글을 못 쓴다"고 단언합니다. 거의 모든 작가는 메모광이라고 봐도 되겠습니다. 글을 쓰려는 사람은 메모를 습관화해야 합니다. 메모의 내용이 결국 글이 되기 때문입니다.

법정 스님의 대학 노트가
의미하는 것

법정 스님의 말년과 돌아가신 후까지를 다룬 〈법정 스님의 의자〉라는 다큐멘터리가 있습니다. 그 다큐멘터리를 보면, 법정 스님이 열반한 뒤 임성구 감독이 스님의 고향인 해남을 찾아가는 장면이 나옵니다. 임 감독은 거기서 스님의 어릴 적 친구들을 만나 스님이 어릴 때 어땠느냐고 묻습니다.

저는 이 장면이 신선하고 궁금했습니다. 우리는 스님이 베스트셀러 작가가 된 후의 모습을 주로 기억하고 있으니까요. 친구들은 법정이 어릴 때부터 책 읽는 걸 참 좋아했다고 이구동성으로 말합니다. 사실 이런 얘기는 그리 특별할 것이 없습니다. 유명한 작가가 어

글을 쓰면 자신을 발견하게 됩니다

릴 때 책을 많이 읽었다는 것은 흔한 얘기니까요.

중요한 것은 그다음입니다. 책을 그냥 보기만 한 것이 아니라 마음에 드는 문장이 있으면 대학 노트에 베껴 적었다는 것입니다. 그리고 대학에 입학할 때쯤 되니 베껴 쓴 노트의 분량이 허리춤까지 쌓여 있더라고 친구들은 증언합니다. 저는 이 얘기를 듣고, 법정 스님의 습작기는 사실상 그때 끝난 것 아닌가 추측했습니다.

법정 스님이 대중에게 알려진 것은 노년에 쓴 에세이가 베스트셀러가 되면서부터입니다. 그래서 사람들은 법정 스님이 노년이 되어서야 문명文名을 떨친 것으로 알기 쉽습니다. 그러나 법정 스님은 30대에 이미 〈불교신문〉 주필을 맡아 날카로운 문장으로 불교 내 여러 문제를 가차 없이 비판한 것으로 유명했습니다. 젊었을 때부터 글을 잘 썼던 거죠.

저는 그 필력의 비밀이 이 대학 노트 더미에서 나왔다고 믿습니다. 읽은 책을 정리하는 습관이 필력을 키운 것입니다.

법정 스님의 일화는 제 경험과도 일치합니다. 대학교 때 문학 동아리 생활을 한 뒤부터 글을 쓰고 싶었지만, 글이 잘 안 됐습니다. 이런 상황은 대학을 졸업한 뒤에도 마찬가지였습니다. 그러다 안 되겠다 싶어 읽은 책 중에서 인상 깊었던 것부터 컴퓨터로 정리하기 시작했습니다.

그전에도 책을 읽을 때 밑줄 긋고 떠오르는 것을 책 여백에 적어 놓는 습관이 있긴 했지만 거기서 그치고 말았습니다. 그러다 보니 어디에 뭘 적어 놨는지 알 길이 없었습니다. 언제 한번 정리해야겠다고 마음먹고 있었지만, 게으른 탓에 차일피일 미뤄 오기만 했습니다. 그런 상황에서 책상에 앉아 머리를 쥐어짜며 글을 쓰려 했던 것입니다.

이러다간 죽도 밥도 안 되겠다는 생각이 들 즈음, 밑줄 그은 내용과 메모들을 컴퓨터로 베끼는 작업에 돌입했습니다. 그런 작업을 1년 정도 한 것 같습니다. 그 과정은 또 다른 공부였습니다. 그런 작업을 하면서 처음 읽을 때는 몰랐던 것을 깨닫기도 하고, 이 책에서 베낀 것과 저 책에서 베낀 것이 머릿속에 동시에 떠오르면서 새로운 생각이 나기도 했으니까요. 그러고 났더니, 글이 술술 풀리기 시작했습니다.

법정 스님이 어릴 때부터 했던 작업을, 저는 대학을 졸업한 뒤에야 하기 시작했습니다. 지금 생각하면, 조급한 마음에 정작 해야 할 일을 하지 않은 채 글을 쓰려고 했던 것이 부끄럽기도 합니다. 그러나 그때는 읽은 책을 정리하는 것의 중요성을 절감하지 못했습니다. 그때 누가 그 중요성을 실감 나게 설명해 줬더라면 좀 더 빨리 전업 작가가 되지 않았을까 싶습니다.

법정 스님은 대학 노트에 책 내용을 정리했습니다. 그러나 지금은 컴퓨터가 있으니 그럴 필요 없습니다. 아니, 오히려 컴퓨터에 정

글을 쓰면 자신을 발견하게 됩니다

리하는 것이 더 좋습니다.

노트에 정리하면 시간이 많이 걸리고, 어디에 어떤 자료가 정리되어 있는지도 알기 어렵습니다. 그러나 컴퓨터에 정리해 놓으면, 검색 기능을 활용해 원하는 자료를 빨리 찾을 수 있습니다. 노트나 수첩이 아니라 컴퓨터에 정리해 놔야 자료로서 효용성이 높아집니다.

저는 글쓰기 강의를 하면서 이것저것 숙제를 내주는데, 그중에서 수강생들이 가장 하기 싫어하는 것이 읽은 책을 컴퓨터로 정리하기입니다. 막상 해보면 시간이 많이 걸리고 귀찮거든요. 그래서 잘 안 합니다. 하지만 한번 정리해 보면, '깊이 읽기'와 '자료 확보'가 동시에 되는 것을 느낄 수 있습니다.

읽은 책을 정리하고 메모하는 일은 틈나는 대로 계속해야 합니다. 그것이 하나의 라이프스타일이 되어야 합니다. 여성학자 정희진은 "작가의 라이프스타일이라고 부를 만한 것이 존재하며, 결국 그것이 글을 쓰게 만든다. 글을 쉽게 쓰는 것은 평소의 이런 노동 때문이지 재능 때문이 아니다"라고 말했습니다. 저도 이 말에 동의합니다.

책 정리를 시작할 때는 모르는 지식이 많고, 이것도 중요한 것 같고 저것도 중요한 것 같아 밑줄 긋는 부분도 많습니다. 그러면 컴퓨터로 옮겨 적어야 할 분량도 많아져 '언제 이걸 다 정리하나?' 하는 생각이 들 수 있습니다. 그러나 너무 걱정할 필요 없습니다. 책을 자꾸 정리하다 보면, 아는 것이 많아져 밑줄 긋는 부분이 점점 적어집니다. 책 한 권을 정리하는 데 걸리는 시간도 줄어들고요.

책 정리를 하면 큰 공부가 되고, 글에 대한 아이디어도 많이 떠오릅니다. 책 정리 작업이 지루할 거라고 생각하기 쉽지만, 이런 지적 쾌락을 만끽하면 지루하지 않습니다. 아이디어가 많아지면 글을 쓰고 싶은 마음도 더욱 커집니다. 당연합니다. 쓰고 싶은 내용들, 하고 싶은 말들이 점점 넘쳐나는데 왜 그렇지 않겠습니까?

저는 글쟁이에게 가장 필요한 덕목으로 지능이나 재능이 아닌 '성실함'을 꼽습니다. 그 성실함은 평소에 책 정리와 메모를 얼마나 열심히 하느냐 하는 것입니다.

일상생활에서 떠오른
생각 메모하기

우리는 음악이나 미술 분야에서 신동이나 영재가 있다는 얘기를 듣곤 합니다. 모차르트는 다섯 살에 이미 작곡을 시작했다고 합니다. 그러나 문학(글쓰기)에선 신동이나 영재가 있다는 얘기를 들어 본 적이 없지요. 왜 그럴까요?

음악이나 미술은 비언어 예술입니다. 그래서 직관이나 타고난 재능만으로도 가능한 부분이 있습니다. 그러나 언어 예술인 문학은 다릅니다. 글을 쓰려면 우선 글을 배워야 합니다. 문법을 배우고, 표현 기술도 익혀야 합니다. 그리고 무엇보다 많은 지식을 쌓아야 합니다. 그러니 시간이 많이 걸릴 수밖에 없지요.

문학 분야에서 신동에 가장 가까운 사람으로 프랑스의 시인 아르투르 랭보를 꼽을 수 있습니다. 그는 열여섯 살에 시를 쓰기 시작해 스물한 살에 절필을 선언했습니다. 그러고도 문학사에 이름을 남겼습니다. 그가 재능을 발휘할 수 있었던 것은 분야가 '시'였기 때문입니다. 시는 언어 예술이긴 하지만, 음악적 요소가 다분한 장르입니다. 시는 글로 쓰는 악보라고 할 수 있습니다.

　　만약 랭보가 논리적 글쓰기인 인문적 글쓰기를 했다면, 10대에 역사에 이름을 남기는 성취를 거둘 수 있었을까요? 쉽지 않았을 겁니다. 인문적 글쓰기는 직관과 재능보다 지식에 의존해야 합니다. 그 지식을 쌓으려면 훨씬 오랜 시간이 걸리고요. 그래서 인문적 글쓰기는 40대는 되어야 빛을 보는 경우가 많습니다.

　　시는 상대적으로 직관과 재능을 발휘하기 좋은 장르입니다. 그 다음이 소설이고요. 가장 보수적인 것이 인문적 글쓰기입니다. 정치적 의미에서 보수적이라는 말이 아니라, 많은 시간이 걸린다는 점에서 보수적이라는 겁니다. 인문적 글쓰기를 잘하려면 평소에 많은 책을 읽고, 그것을 자료 삼아 정리해 놔야 합니다. 달리 말하면, 부지런하기만 하면 좋은 글을 쓸 가능성이 높다는 의미이기도 합니다. 인문적 글쓰기는 시나 소설에 비해 평등한 면이 있습니다.

　　글을 쓰려고 하면 책을 읽으면서 떠오른 생각뿐 아니라, 일상생활을 하면서 떠오른 생각도 부지런히 메모해야 합니다. '별것 아닌

글을 쓰면 자신을 발견하게 됩니다

것 같은데' 하는 생각들도 모두 메모해야 합니다. 지금은 별것 아닐 지라도, 나중에 중요한 생각으로 발전하거나, 다른 중요한 생각과 결합될 수 있기 때문입니다.

글을 쓰려고 마음먹으면, 글감이 될 만한 것이 없나 싶어 예전보다 훨씬 자세히 세상을 관찰하게 됩니다. 사진에 취미를 붙이려고 사진기를 산 사람이 출사出寫를 나가면, 평소에는 무심히 보아 넘겼던 것도 자세히 관찰하게 되는 것과 같은 이치입니다.

문제는 메모하기 힘든 상황에서 아이디어가 떠오를 때가 많다는 사실입니다. 얄궂게도 샤워할 때라든가, 헬스클럽에서 운동하고 있을 때, 화장실에 앉아 있을 때, 설거지를 할 때, 혹은 산책할 때, 잠자리에 들기 위해 불 끄고 침대에 누웠을 때 아이디어가 잘 떠오릅니다.

여기에도 이유가 있습니다. 이럴 때는 정신이 자유롭게 유영하기 때문입니다. 정신이 어떤 아이디어를 떠올리기에 가장 좋은 상태가 되는 거죠. 저는 어떤 아이디어가 떠오르면 하던 일을 멈추고 메모를 합니다. 펜과 종이가 없으면 누구에게 빌려서라도 메모를 합니다. 휴대전화가 있으면 휴대전화 메모장에 하고요. 휴대전화도, 펜이나 종이도 없으면, 아이디어를 떠올릴 만한 핵심 단어로 머릿속에 하나의 이미지를 만듭니다. 이렇게 이미지로 만들어 놓으면 잘 잊지 않습니다. 그렇게 기억해 놨다가 집에 돌아와서 바로 적어 놓습니다. 그런 다음엔 메모들을 그대로 두지 말고 틈나는 대로 컴퓨터에

옮겨 놓는 것이 좋습니다. 그래야 활용도가 높아지니까요.

다시 강조하지만, 평소에 이런저런 책을 읽고 있어야 일상생활에서 보이는 것도 많고, 떠오르는 생각도 많아집니다. 모든 아이디어는 독서의 기반 위에서 탄생한다는 것을 염두에 둬야 합니다. 글쓰기는 집을 짓는 것과 같습니다. 집을 지으려면 당연히 벽돌이든, 나무든, 흙이든, 시멘트든 재료가 있어야 합니다. 그 재료는 자료와 메모입니다. 자료와 메모가 많을수록 탄탄한 집이 만들어집니다.

사람들은 흔히 '글쓰기' 하면 책상 앞에서 하는 집필만 생각합니다. 그러나 집필은 전체 공정 중 절반에 불과합니다. 나머지는 책상 앞에 앉기 전에 미리 준비되어 있어야 합니다. 그 준비가 바로 평소에 읽은 책을 자료 삼아 정리하고 메모하는 일입니다.

자료와 메모가 없으면 '즉흥적인 아이디어'만으로 글을 써야 하는데, 그런 식으로 글을 쓰는 작가는 없습니다. 책상 앞에 앉는다고 갑자기 무슨 생각이 떠오르는 것도 아니고요. 작가들이 책상 앞에서 하는 일은 글의 주제와 관련된 자료와 메모를 놓고 이리저리 배치하고 가공해서 새로운 질서를 만드는 것입니다. 자료와 메모가 없다면, 책상 앞에서 할 일도 없어지는 셈입니다.

'창작의 고통'이라는 것도 대개는 자료와 메모 부족에서 비롯됩니다. 자료와 메모가 부족하거나 없으면 머리를 쥐어짜게 됩니다. 책상 앞에서 머리를 쥐어뜯는 사람을 보면 '치열하게 쓴다'고 말하는 경우가 있는데, 그것은 치열한 것이 아니라 게으른 것입니다. 방학 내내 숙제 안 하고 놀기만 한 학생이 개학날이 다가오자 조급해져서 방방 뛰는 것과 비슷합니다.

　자료와 메모가 충분하면 머리를 쥐어짤 필요가 없습니다. 자연스럽게 쓸 것들이 생각나니까요. 충분한 자료와 메모는 인문적 글쓰기에서 논리와 근거를, 문학적 글쓰기에서는 상상력을 제공해 줍니다. 소설 같은 것을 쓸 때도 자료와 메모가 충분하면, 스토리가 저절로 생각납니다. 글을 쓰고 싶은데 무엇부터 해야 할지 모르겠다면, 이제까지 읽은 책 중에서 가장 인상 깊었던 것부터 정리해 보세요.

읽은 책을 정리하면
어떤 일이 생길까?

글을 쓰고 싶은데 무엇을 써야 할지도 모르겠고, 문장력도 없는 것 같고, 어휘력도 부족한 것 같다는 생각이 드는 경우가 많습니다. 습작생들이 흔히 겪는 문제입니다. 당사자로서는 답답하기 그지없는 일입니다. 무엇을 써야 할지 모른다면 글을 쓸 수가 없습니다. 글감을 억지로 만들어 낼 수는 없으니까요.

　문장력 문제도 답답하긴 마찬가지입니다. '도대체 어떻게 해야 문장이 좋아진단 말인가?' 하는 생각이 듭니다. 오래전에 저도 이 문제를 해결하기 위해 이태준의《문장강화》같은 책을 읽었습니다. 이런 책을 읽으면 도움이 됩니다. 그러나 '읽을 때 뿐'입니다.

문장력을 기르기 위해 문장 좋기로 유명한 작가의 작품, 이를테면 김훈의 《칼의 노래》 같은 소설을 베껴 쓰는 사람도 있습니다. 작품 전체를 베껴 쓰려면 적지 않은 시간이 걸립니다. 문제는 그만큼 소득도 커야 하는데, 기대에 미치지 못하는 경우가 많습니다.

한 작품을 베껴 쓰는 것은 자칫 문장 훈련이 아니라 문체를 추종하는 결과를 낳을 수도 있습니다. 문체를 추종하는 것은 그리 좋다고 말할 수 없습니다. 아무리 추종해도 김훈 같은 문장을 김훈보다 잘 쓸 수는 없기 때문입니다.

맨날 쓰는 단어만 사용하는 어휘력 부족 문제도 해결하기 쉽지 않습니다. 저도 예전에 이 문제를 해결하기 위해 사전을 쭉 읽어 본 적이 있습니다. 물론 하다 말았습니다. 너무 무식한 방법이라는 생각이 들었기 때문입니다. 무엇보다 사전에는 우리가 평소에 쓰지 않는 고어나 전문용어가 너무 많았습니다.

다행히 이런 문제를 한꺼번에 해결하는 방법이 없진 않습니다. 이제까지 말한 것처럼, 읽은 책을 자료 삼아 정리하는 것입니다. 우선 이런 자료 정리가 어떻게 글감을 만들어 내는지 살펴보겠습니다.

글을 쓰기 위해서는 우선 내 생각을 잘 알아야 합니다. 내 생각을 잘 알아야, 남에게 내 생각을 전달할 수 있으까요. 밑줄 그은 내용을 컴퓨터로 정리하면, 내 생각을 잘 알 수 있습니다. 밑줄 그은 내용은 대부분 자신이 동의하는 경우가 많습니다. 그 내용을 컴퓨터 파일에 모아 놓으면, 자신이 어떤 내용에 주로 동의하는지 확실해집니다.

책을 자료 삼아서 정리하다 보면, 책 A에서 베껴 놓은 내용과 책 B에서 베껴 놓은 내용과 주제가 비슷한 경우도 많습니다. 같은 세계관과 관심을 가진 '나'라는 사람이 감동받아 밑줄 긋고 베껴 놓은 것이기 때문이지요. 정리된 자료를 잘 관찰해 보면, 내가 어떤 주제에 유독 관심이 많은지 알 수 있습니다. 그 주제가 글감이 될 가능성이 높지요.

정리된 자료들은 나의 세계관을 더욱 치밀하게 만들기도 합니다. 자료들은 내가 갖고 있던 세계관에 의문을 던져 다시 생각해 보게 하고, 생각의 방향을 돌리게 하기도 하며, 엉성했던 생각을 정밀하게 만듭니다. 앞에서 글은 기본적으로 정신의 표현이라고 한 말을 기억할 겁니다. 정신은 세계관, 즉 철학의 문제이기 때문에 책 정리를 하다 보면 자연스럽게 자기 철학이 생기고 발전해 나갑니다.

책 정리는 논리력 향상에도 도움이 됩니다. 특히 인문사회과학 서적의 내용을 베끼다 보면 그 내용뿐 아니라 그것을 관통하는 논리도 숙지하게 됩니다. 정리된 자료들은 글을 쓸 때 당연히 근거로 사용되고요. 논리와 근거는 서로 밀접한 관계가 있습니다. 근거가 충분하면 할 얘기가 많아지고, 할 얘기가 많아지면 논리도 치밀해집니다.

책을 정리하다 보면 내용이 좋아서 밑줄 긋고 베끼는 경우도 있지만, 표현이 좋아서 베끼는 경우도 있습니다. 우리가 편의상 내용

글을 쓰면 자신을 발견하게 됩니다

과 표현을 분리해서 생각하지만, 실은 문장 안에서 동전의 양면처럼 분리하기 어려운 경우가 많습니다. 책 내용을 정리하다 보면, 자연스럽게 문장을 찬찬히 뜯어보게 됩니다. '이 문장을 왜 이렇게 쓰지 않고 저렇게 썼을까?' 하는 생각도 해보고요.

또한 책을 읽다 잊지 말아야 할 개념어가 등장할 때마다 밑줄 긋고 컴퓨터에 베껴 놓으면 자연스럽게 어휘량도 늘고, 언어에 대한 감각도 섬세해질 수밖에 없습니다. 언어 감각이 섬세해지면 당연히 정교한 문장을 구사하게 됩니다.

정리하자면, 책을 읽으면서 밑줄 그은 부분을 컴퓨터로 정리해 놓으면 글감이 생기고, 자기 철학이 확고해지며, 논리와 근거가 치밀해집니다. 또한 문장력이 좋아지고 어휘량도 늘어납니다. 어떤가요? 글을 쓰고자 하는 사람들이 겪는 문제가 거의 해결되지 않나요?

제 경험에 따르면, 이런 정리 과정을 거치면 심리적으로도 안정감을 줍니다. 그 자료들이 큰 자산이 되어 글을 쓸 때 든든하거든요. 글감이 없을 때는 짬짬이 평소에 읽은 책을 정리하고, 글감이 있을 때는 추가로 주제 관련 참고문헌을 찾아서 읽고 정리해야 합니다. 그러면 어렵지 않게 글을 쓸 수 있습니다.

인터넷을 이용해
글을 쓰는 것에 대하여

요즘에는 인터넷에 의존해서 글을 쓰는 사람이 많습니다. 인터넷이 여러모로 편리하긴 합니다. 자료를 빠르게 찾을 수 있으니까요. 책을 자료로 이용하려면 필요한 내용을 베껴야 하지만, 인터넷은 그럴 필요도 없습니다. 필요한 내용을 '복사'만 하면 됩니다.

그뿐인가요. 간단하게 글을 쓰려면, 그것을 논리에 맞게 '붙이기'만 해도 됩니다. 너무 심하다 싶으면 조사를 조금 고쳐서 저작권법을 피해 가면 되고요. 그래서 요즘에는 '글쓰기'라는 게 복사하고 붙이고, 복사하고 붙이는 과정으로 변해 버린 것 아닌가 하는 생각이 들기도 합니다. 실제로 적지 않은 리포트나 보고서가 이런 식으로

글을 쓰면 자신을 발견하게 됩니다

작성되고 있는 실정입니다.

그러나 이런 식으로 쓰면, 얼마 지나지 않아 자신도 그 내용을 기억하지 못하게 됩니다. 당연하지요. 자신이 한 일이라고는 말이 되게 복사하고 붙이고, 복사하고 붙인 것이 전부니까요. 그러면 생각해 봅시다. 쓴 사람도 내용을 기억하지 못하는 작업을 과연 글쓰기라고 할 수 있을까요?

우리가 책을 펴낸 저자를 존경하고 존중하는 것은 최소한 해당 주제와 관련해서 다른 어떤 사람보다 많은 사유와 연구를 했을 것이라고 인정하기 때문입니다. 그래서 그를 불러 강의도 듣고, 사회 문제에 대한 조언도 듣는 것입니다. 그런데 복사하기, 붙이기로만 글을 쓴 사람은 그럴 수가 없습니다. 자신이 쓴 내용도 기억하지 못하니 엄밀한 의미에서 보면 필자라고 부를 수도 없습니다.

필자가 아니라면 무엇일까요? '사유'와 '연구'라는 지적 과정을 건너뛰고 컴퓨터 조작만으로 글을 썼으니 컴퓨터 조작자操作者에 가깝습니다. 제가 이런 말을 하는 것은 인터넷으로 정보를 찾지 말라는 의미가 아닙니다. 인터넷을 이용하더라도 그 정보에 대해 꼼꼼하게 분석하고 판단하는 시간을 충분히 가져야 한다는 것입니다.

인터넷을 이용할 때 조심해야 할 것이 있습니다. 인터넷에서는 누가 어디서 한 말인지 출처 표기도 없는 정보가 돌아다니는 경우가 많습니다. 그러므로 찾은 정보가 마음에 들더라도 믿을 만한 근거가 있는지 체크한 다음 조심해서 써야 합니다.

　엉터리 정보와 주장을 인용하거나 참고해 놓고, 그것을 그저 이용했을 뿐이니 나는 죄가 없다고 생각해선 안 됩니다. 수많은 정보와 주장 중 무엇이 신뢰할 만한 것인지 판단하고 선별하는 것도 필자의 중요한 능력입니다. 다른 사람의 생각에 따른 것이라 할지라도 자신이 인용하거나 참고한 자료라면 책임을 져야 합니다.

　관건은 필자의 지적 능력입니다. 인터넷에 제아무리 많은 정보와 주장이 떠돌아다니고, 그것을 손쉽게 구할 수 있다고 해도 무엇이 신뢰할 만한 정보와 주장인지 구별하는 지적 능력이 있어야 그것을 제대로 이용할 수 있습니다.

　인터넷을 통해 유효한 정보를 습득하려면 무엇이 중요한 정보이고 무엇이 정확한 정보인지, 정보가 어떤 정치적 입장에서 제공된 것인지 판단할 수 있어야 합니다. 그것은 포털 사이트에 검색어를 쳐 넣는 것만으로 해결될 일이 아니라, 고도의 지적 능력이 필요한 일입니다.

　그렇다면 어떻게 해야 그런 지적 능력을 갖출 수 있을까요? 또다시 저는 이제까지 했던 얘기를 반복할 수밖에 없습니다. 책, 그것도 종이책을 많이 읽고 정리해야 합니다. 이를 통해 지력이 높아져야 정보의 바다에서 유효한 정보를 낚아 올릴 수 있습니다. 웹 상에서의 유효한 정보 검색과 자료 취합도 활자 독서의 기반 위에서 이루어진다는 것을 알아야 합니다.

인터넷으로 자료를 검색할 때, 한 가지 더 유념해야 할 것이 있습니다. 사람들은 자신이 검색어를 입력했고, 그를 통해 정보가 화면에 떴으니 그 정보를 자신이 찾았다고 생각합니다. 그러나 과연 그럴까요? 조금만 생각해 보면, 정보들은 평등한 것이 아님을 알 수 있습니다. 어떤 정보는 최상위에 링크되어 있는 반면, 어떤 정보는 수십 번, 수백 번 클릭해야 찾을 수 있는 위치에 있습니다.

여러분은 검색 결과의 몇 페이지까지 열람하나요? 마크 바우어라인의《가장 멍청한 세대》에 따르면, 구글에서 서치 결과 두 번째 페이지로 넘어가는 비율은 1퍼센트 미만이라고 합니다. 대부분 첫 번째 페이지에서 정보를 구한다는 얘깁니다. 물론 사안에 따라서는 두 번째 페이지, 세 번째 페이지로 넘어가는 경우도 있겠지요. 그렇지만 20번째 페이지, 50번째 페이지, 100번째 페이지까지 넘어가는 경우는 거의 없을 겁니다.

어떤 정보를 최상위에 노출시킬지 결정하는 것은 네이버나 구글 같은 인터넷 검색 포털회사입니다. 그렇다면 이들 회사가 우리가 어떤 정보를 얻을지 결정권을 갖고 있는 것 아닐까요? 나아가 사람들의 의식에 영향을 미칠 수 있는 엄청난 권력을 갖고 있는 것 아닐까요?

물론 네이버나 구글은 검색 어뷰징abusing이 알고리즘에 의해 제

어된다고 말합니다. 그러나 그들은 영리를 목적으로 하는 기업입니다. 그리고 알고리즘의 구조와 작동방식을 철저히 기밀에 부치고 있습니다. 그렇다면 알고리즘이 영리적인 목적에 따라 이루어지고 있다고 생각하는 것이 합리적이지 않을까요? 한 걸음 더 나아가, 알고리즘에 정치적 편향은 없을까요? 기업도 정치적 이해를 갖고 있다는 점을 감안하면, 알고리즘에도 정치적 편향이 있을지 모른다고 의심하는 것이 합리적이지 않을까요?

바너드 대학의 수학 교수로 있다가 금융업계의 알고리즘 개발자로 일했던 캐시 오닐은 2016년 《대량살상 수학무기》라는 책을 출간했습니다. 부제는 '어떻게 빅데이터는 불평등을 확산하고 민주주의를 위협하는가'입니다. 제목이 심상치 않지요? 수학이 대량살상 무기가 된다니. 그가 말하는 대량살상 무기는 바로 '알고리즘'입니다. 실체가 잘 안 보이는 알고리즘이 대량살상 무기만큼 위험하다는 뜻입니다.

우리가 인터넷으로 접하는 정보들은 생각만큼 공평무사하지 않습니다. 사람들은 그저 궁금한 것을 쉽고 빠르게 찾을 수 있다는 순수한 기대로 정보 검색을 합니다. 그러나 그렇게 해서 얻은 정보들은 IT 기업이 조작한 것에 대한 2차 경험에 지나지 않을지도 모릅니다. 인터넷으로 자료를 찾더라도 이런 점을 감안해야 합니다.

인터넷의 정보들은 대부분 짧습니다. 텍스트의 분량이 짧다는 것

글을 쓰면 자신을 발견하게 됩니다

은 그것이 담고 있는 지식과 정보도 단편적이라는 의미입니다. 또한 인터넷의 정보들은 쉽습니다. 어휘 선택이나 문법이 일반적으로 중등 수준을 벗어나지 않습니다. 그것을 벗어나면 가독성 문제로 많은 사람이 재방문하지 않기 때문입니다. 이런 이유들로 인터넷의 정보는 하나의 주제에 대해 깊이 있고 체계적으로 알려 주기 어렵습니다.

전자매체가 아무리 발달해도 하나의 주제에 대해 자세하고, 깊이 있게, 체계적으로 알려 주는 것은 여전히 책밖에 없습니다. 글을 쓰려면 종이 책을 통한 지식 습득과 자료 취합이 주가 되고 부수적으로 인터넷을 이용해야 합니다. 그 관계가 역전되면 좋은 글을 쓰기 어렵습니다.

3장.

글쓰기의
안과 밖

글쓰기는
글쓰기를 통해서만
배울 수 있다

글쓰기는 기본적으로 '혼자 하는 일'입니다. 생각하기, 책 읽기, 읽은 책 정리하기, 글쓰기 모두 혼자 합니다. 글쓰기가 어려운 이유 중 하나가 바로 여기에 있습니다. 본래 혼자 하는 일은 게을러지기 쉽거든요.

물론 프로 작가가 되면, 매체나 출판사와 약속된 '원고 마감일(데드 라인)'이 생깁니다. 언제까지 글을 써주겠다고 약속해 놓으면, 죽으나 사나 그때까지 마쳐야 합니다. 그러나 그것은 프로 작가가 된 뒤의 일입니다. 그 전에는 순전히 자신의 의지에만 기대어 글을 써야 합니다. 한마디로 '자신과의 싸움'이지요.

글을 쓰면 자신을 발견하게 됩니다

습작기에 글 쓰는 일에 게을러지지 않기 위한 방법이 없는 것은 아닙니다. 억지로라도 원고 마감일을 만드는 것입니다. 사회적 약속을 만들면 됩니다. 예를 들어 자신의 블로그나 트위터에 이러이러한 주제로 매주 한 꼭지씩 글을 써서 올릴 테니 많은 관심을 가져 달라고, 서로 이웃이나 트위터 친구들에게 공표하는 것입니다. 상호 합의에 따른 약속이 아니라 일방적인 공표에 불과하지만, 그래도 혼자서 열심히 써야겠다고 마음먹는 것보다는 효과가 있을 것입니다.

글 쓰고 합평회를 하는 모임에 참여하는 것도 좋은 방법입니다. 모임에는 통상 합평회를 하기 전까지 각자 글을 써서 가져와야 한다는 식의 룰이 있습니다. 이것도 사회적 약속이므로 게으름을 극복하는 데 많은 도움이 됩니다.

글쓰기를 배우기가 어려운 가장 큰 이유 중 하나는 글을 써봐야 하는데, 그것을 잘 하지 않는다는 점입니다. 일반적으로 사람들은 글을 쓰기 위한 준비 작업으로 글쓰기 강의를 듣거나 글쓰기 책을 읽는 것은 열심히 합니다. 그것으로 글쓰기를 배우고 있다고 생각합니다. 그러나 그것만으로는 부족합니다. 글쓰기는 직접 글을 써봐야 비로소 배울 수 있습니다.

모든 작가는 습작기習作期를 거칩니다. 습작기란 말 그대로 '글쓰기를 익히기 위해 시험 삼아 글을 써보는 기간'을 뜻합니다. 모든 작가가 예외 없이 습작기를 거친다는 것은, 달리 말하면 습작기를 거치지 않고는 작가가 될 수 없다는 뜻입니다.

그럼에도 많은 사람이 이 자명한 진리를 간과합니다. 앞서 말했듯이 뛰어난 강사 하나 잘 만나면 글을 잘 쓸 수 있다고 믿고 싶어 합니다. 그런 강사를 만나면, 습작기를 거치지 않고도 곧장 문장가가 될 것처럼 생각합니다. 물론 오산입니다. 글쓰기 강의를 듣거나 글쓰기 책을 읽는 것은 습작을 건너뛰거나 대체하게 해주는 것이 아니라, 습작을 도와주는 역할을 할 뿐입니다.

'습작기'에 있다고 생각한다면, 실제로 습작을 해야 합니다. 습작을 하지 않으면서 습작기에 있다고 생각하는 것은 자기기만일 뿐입니다. 그것은 습작기가 아니라 그 전前 단계, 즉 그냥 글을 써보고 싶다고 막연하게 희망하는 단계, 글을 써보면 어떨까 모색하는 단계에 있다고 해야 할 것입니다.

사실 글쓰기 강의를 듣는 것만큼 쉬운 일은 없습니다. 돈 내고 강의실에 가만히 앉아 있기만 하면 강사가 이것저것 알려 주니까요. 글쓰기 책을 보는 것은 자기 머리로 독해해야 하니 좀 더 주체적인 노력이 필요하지만, 이 또한 별로 어렵지 않습니다.

정작 어려운 일은 직접 글을 써보는 것입니다. 이 과정에서 수많은 사람이 탈락합니다. 저는 10년 동안 한겨레문화센터에서 글쓰기 강의를 했습니다. 제 강의를 들은 분이 얼마나 되는지 계산해보니, 1천 명 정도 되더군요. 적지 않은 수강료를 내고 강의를 들으러 온

글을 쓰면 자신을 발견하게 됩니다

분들이니, 기본적으로 글쓰기에 대한 의지가 적지 않았다고 할 수 있습니다.

그러나 그중에 실제로 글을 쓰게 된 사람이 얼마나 되는지 생각해 보면 5퍼센트도 안 될 것 같습니다. 이유는 여러 가지가 있겠지요. 개인마다 사정도 다 다를 거고요. 그럼에도 불구하고 어떤 단계에서 가장 많은 사람이 탈락하는지 따진다면, 단연 글을 써보는 단계일 것입니다.

강의를 들었던 분들 중에는 습작은 하지 않으면서 계속 이런저런 글쓰기 강의만 찾아다니거나, 글쓰기 책만 계속 읽는 분들도 있습니다. 그런다고 해서 글쓰기가 되는 것은 아닙니다. 글쓰기 강의를 많이 듣거나, 글쓰기 책을 열심히 보는 것이 남들 눈에는 글쓰기를 열심히 하는 것처럼 보일지 모르지만 사실은 그 반대일 수도 있습니다. '내가 지금 아무것도 안 하는 것은 아니니, 이러다 보면 언젠가는 글을 쓰겠지' 하는 안이함의 외화外化일 수도 있습니다.

간혹 이런 분도 있습니다. 제가 책을 많이 읽어라, 읽은 책을 자료 삼아서 정리하라고 반복해서 강조하니까 습작은 하지 않고 책 읽기와 읽은 책 정리하기만 열심히 하는 분도 봤습니다. 자료만 열심히 모으는 거지요. 그러나 글은 직접 써봐야 합니다. 그래야 글을 쓰기 전에는 알 수 없었던 것들을 알게 됩니다.

'암묵적 지식'이란 게 있습니다. 글로 표시할 수 있는 명시적 지식과 대비되는 것으로, '감感'을 익히고 아는 것을 뜻합니다. 암묵적 지식은 학습 과정을 통해 전수되는 명시적 지식과 달리, 스스로 경험하며 터득하는 수밖에 없습니다. 글쓰기에도 이런 암묵적 지식이 분명히 존재합니다.

흔히, 말이 '아' 다르고 '어' 다르다고 하지요. 어떤 단어를 쓰느냐, 조사를 어떻게 바꾸느냐에 따라 글의 뉘앙스가 달라집니다. 그것을 일일이 지적하고 가르치기란 불가능에 가깝습니다. 결국 글을 써보면서 스스로 터득하는 수밖에 없습니다.

"글쓰기는 가르칠 수 없다"는 말이 있습니다. 이 말은 가르치는 사람에게도, 배우는 사람에게도 절망적입니다. 이것이 사실이라면, 저를 비롯해 글쓰기를 가르치는 수많은 사람이 다 사기꾼이라는 의미니까요. 글쓰기를 배우려는 사람 입장에서도 '그렇다면 어디 가서 글쓰기를 배우란 말인가?' 하는 생각이 들고요.

"글쓰기는 가르칠 수 없다"는 말은 가르칠 수 있는 것과 가르칠 수 없는 것이 있는데, 가르칠 수 없는 것이 적지 않은 비중을 차지한다는 의미입니다. 앞서 글쓰기는 정신의 표현이라고 했는데, 그 정신은 누가 대신 만들어 줄 수 있는 것이 아닙니다. 직접 많은 책을 읽고, 정리해 나가면서 만들어야 합니다. 그리고 방금 말했듯이, 암묵적 지식도 가르칠 수 없습니다.

글쓰기 책을 읽거나 강의를 들으면 집필에 대한 절차적 지식이 쌓여, '아, 이런 과정을 거쳐 글이 되는구나' 하고 알게 됩니다. 하지만 그것을 안다고 해서 글을 잘 쓰게 되는 것은 아닙니다. 책이나 강의를 통해 알게 된 절차적 지식을 실천하면서 적용해 봐야만 그 지식의 의미를 실감할 수 있습니다.

이런 이야기가 있습니다. 오래전에 읽어 출처는 기억나지 않는데, 중동 지방에 전해 내려오는 이야기입니다.

목이 바싹 마른 개 한 마리가 갈증에 시달리며 물을 찾아 오랫동안 헤맸습니다. 그러다 마침내 시냇물을 발견했습니다. 개는 너무 기뻐서 시냇물을 따라 달렸습니다. 달리니 목이 더 마르고, 물을 찾은 기쁨이 더 커지는 것 같았습니다. 그래서 계속 시냇물을 따라 달렸습니다.

개가 목마름을 해소하기 위해서는 직접 물가로 내려가 물을 마셔야 합니다. 그러나 이 개는 물을 마시지 않습니다. 시냇물을 발견했다는 기쁨에 취해 물을 따라 뛸 뿐입니다. 글쓰기를 배우고, 그를 통해 글쓰기 방법을 알았음에도 불구하고 글을 직접 써보지 않는 사람이 이와 같지 않을까요?

글쓰기는 글쓰기를 통해서만 배울 수 있습니다. 글을 쓰려면 무엇이든 자주 써보는 과감한 실행력이 필요합니다.

글쓰기의
신체성에 대하여

글쓰기는 흔히 정신노동으로 알려져 있습니다. 그래서 가만히 앉아서 머리만 쓰면 되는 것으로 아는 사람이 많습니다. 그러나 글쓰기에도 '신체성'이라는 것이 있습니다. 저는 이 신체성이 정신성 못지않게 중요하다고 생각합니다.

글을 쓰려면 우선 손이 부지런해야 합니다. 아무리 머리가 좋아도 손이 게으르면 글을 쓸 수 없습니다. 틈만 나면 손으로 메모하면서 책을 읽고, 읽은 책의 내용을 컴퓨터에 정리하고, 글감이 생각나면 미루지 말고 써봐야 합니다.

글쓰기에는 다리도 필요합니다. 저는 글이 풀리지 않을 때, 노트

글을 쓰면 자신을 발견하게 됩니다

북을 덮고 집 앞 천변을 걷습니다. 바깥공기도 마시고, 하늘의 구름도 쳐다봅니다. 천변에 동동 떠다니는 오리도 구경하고, 애완견과 함께 산책 나온 사람들도 봅니다. 그러면 머릿속이 상쾌해집니다.

걷다 보면 머리가 스스로 일을 하기 시작합니다. 방금 쓰다 만 문장들, 논리들이 머릿속에서 복기됩니다. 두뇌가 어떤 방향으로, 어떤 얘기를 어떻게 풀어 가면 좋을지 검토합니다. 그러다가 문득 좋은 생각이 나기도 하고, 막혔던 문로文路가 뚫리기도 합니다. 나는 이것을 '다리로 생각한다'고 말합니다.

작가에게 책상은 격전지입니다. 책상 앞을 떠나서 걸으면, 머릿속으로 현재의 전체 전황을 내려다보며 점검하는 효과가 생깁니다. 책상 앞에서 글을 쓸 때는 잘 보이지 않았던 것들이, 책상 앞을 떠나 있으면 객관적인 거리가 확보되어 이런저런 생각이 떠오릅니다.

이것은 글쟁이들에게 보편적인 현상입니다. 니체는 《환희의 지혜》에서 "나는 손만 가지고 쓰는 것이 아니다. 내 발도 항상 한몫하고 싶어 한다. 때로는 들판을 가로질러, 때로는 종이 위에서 발은 자유롭고 견실한 그의 역할을 당당히 해낸다"고 했습니다. 그는 《차라투스트라는 이렇게 말했다》에서도 "심오한 영감의 상태. 모든 것이 오랫동안 걷는 길 위에서 떠올랐다"고 했습니다.

제 경험에 따르면, 같은 산책이라도 번화가를 걷는 것과 자연 속을 걷는 것은 인지적 측면에서 차이가 있습니다. 번화가에는 눈을 자극하는 것이 많습니다. 그것을 보노라면 어떤 문제의식을 발견하긴 쉽지만, 문제의식이 심화되긴 어렵습니다. 그러나 자연 속을 걸으면 반대로 새로운 문제의식이 생기긴 어렵지만, 이미 갖고 있는 문제의식이 심화됩니다.

지적인 문제에 대해 말할 기회를 갖는 것도 글쓰기에 많은 도움이 됩니다. 브라질의 유명한 교육 사상가 파울루 프레이리는《페다고지》에서 "이 책을 쓰기 전부터 1년 이상의 시간을 들여 미리 그 내용을 이야기하고 다녔다"고 말한 바 있습니다. 책으로 나오기 전에 이미 그의 입을 통해 세상에 나온 것입니다.

저도 마찬가지입니다. 강의를 하거나 사람을 만나 이야기한 것을 다시 글로 쓰는 경우가 많습니다. 어디 가서 말을 내뱉으면 그걸로 끝나는 것이 아니라, 그것이 하나의 주제가 되어 머릿속을 굴러다닙니다. 말을 잘했으면 잘한 대로 기억에 남고, 말을 못했으면 못한 대로 '그때 이렇게 말했어야 하는데……' 하면서 생각을 보충합니다.

요즘은 인공지능이 사람보다 낫다는 말이 나오는 시대입니다. 그러나 사람의 사유 과정과 컴퓨터의 정보처리 과정은 조금 차이가 있습니다. 컴퓨터는 출력Output이 입력Input에 영향을 줄 수 없지만, 인간은 출력함(말을 함)으로써 입력(사유)에 영향을 줄 수 있습니다.

예를 들어 친구에게 고민을 털어놓았을 때 도움이 될 만한 조언

글을 쓰면 자신을 발견하게 됩니다

을 해주면 좋겠지만 워낙 과묵한 친구라서 그냥 듣고만 있더라도 도움이 안 되는 것은 아닙니다. 고민을 털어놓으면서 문제가 머릿속에서 정리되는 경우가 많기 때문입니다. 누구나 그런 경험이 있을 것입니다.

지적인 문제도 마찬가지입니다. 어떤 문제에 대해 말할 기회를 갖는 것은 곧 그에 대해 사유할 기회를 갖는 것입니다. 프로 작가가 되면, 여기저기에서 지적인 문제에 대해 발언할 기회가 자연스럽게 생깁니다. 그러나 예비 작가들에게는 그런 기회가 주어지지 않습니다. 이럴 때는 어떻게 해야 할까요? 저는 책 읽고 토론하는 모임에 참여하길 권합니다. 모임에 나가서 발표도 하고 토론도 하다 보면, 여러 가지 지적인 문제에 대해 사유하게 됩니다.

김수영 시인은 〈시여, 침을 뱉어라〉라는 글에서 "시작詩作은 '머리'로 하는 것이 아니고, '심장'으로 하는 것도 아니고, '몸'으로 하는 것이다. '온몸'으로 밀고 나가는 것이다"라고 했습니다. 이 말은 흔히 자신의 모든 실존적 무게를 실어서 글을 쓰라는 말로 해석됩니다.

저는 이것을 글쓰기의 신체성에 대한 말로 해석해도 무방하다고 생각합니다. 말 그대로 '온몸으로 쓰는 것'입니다. 글쓰기와 몸쓰기는 배리되지 않습니다. 글을 쓰려면 몸을 끊임없이 움직여야 합니다.

글쓰기의 신체성은 집필 과정에서도 드러나는 경우가 있습니다. 움베르토 에코의 예를 들어 보지요. 그는 《'장미의 이름' 창작 노트》

에서 아드소가 본관 주방에서 벌이는 정사 장면을 쓸 때, 많은 자료 파일 카드를 바탕으로 했는데 앉은 자리에서 단숨에 써내려 갔다고 합니다.

"나는 이 자료들을 무작위로 내 소설에 짜 넣었다. 믿어지지 않겠지만, 눈에 띄는 대로 한 대목 한 대목을 텍스트의 파일 카드에서 복사해 나갔다. ……나는 손가락으로 하여금 아드소가 벌이는 정사의 리듬을 쫓게 했다. 나는 적당한 인용문을 고르기 위해 손을 멈춘 적은 거의 없는 셈이다. ……나의 눈보다는 손가락을 믿었다."

에코는 이 대목을 머리가 아니라 손이 썼다고 했습니다. 그러면서 "손가락이 자판을 두드리고 있을 때도 나름의 생명력을 지닌 채 생각에 몰두하는 총체적 사고라는 것이 존재한다"고 설명했습니다. 에코의 말은 글쓰기에도 '손가락의 사고 작용'이라 부를 만한 것이 남아 있음을 보여 줍니다.

미국의 사회학자 리처드 세넷이 쓴 《장인 The Craftsman》이라는 책이 있습니다. '현대문명이 잃어버린 생각하는 손'이라는 이 책의 부제는 현대 산업 시대 이전, 즉 장인의 시대에는 '생각하는 손'이라는 개념이 보편적이었음을 드러냅니다. 이 개념은 장인에게만 해당하는 것이 아닙니다. 글쟁이에게도 해당됩니다.

글을 쓰면 자신을 발견하게 됩니다

사람을 살리는 글 vs
사람을 죽이는 글

요즘에는 독자들에게 자기 긍정과 위로를 주는 책이 많습니다. 이런 책들이 쏟아져 나오는 이유는 시장에서 반응이 좋기 때문입니다. 갈 수록 험해지는 사회적 환경에서 상처받고 고통받는 사람들이 적지 않은 까닭에, 이런 책이 잘 팔립니다. 일종의 정서적 서비스를 제공하는 책이라고 할 수 있지요. 실용서와 자기계발서도 확실한 효능감을 강조해, 독자의 지적 욕구와 별개로 잘 팔립니다.

긍정과 위로를 주는 책, 실용서, 자기계발서에는 공통점이 있습니다. 그것은 바로 독자를 불편하게 하지 않는다는 점입니다. 일반적으로 자신을 불편하게 하는 것을 좋아할 사람은 없습니다. 그러나 책은 다릅니다. 좋은 책은 읽는 동안, 혹은 읽은 후에 여러 가지 생각을 하게 만듭니다. 그런 책은 독자를 불편하게 만드는 경우가 많습니다.

여성학자 정희진은 이런 글을 쓴 적이 있습니다. "생각의 시작은 불편함이다. 자신의 일상과 기존 언어가 일치할 때는 생각할 필요가 없다. 자기 경험과 규범(이데올로기)이 불일치할 때는 자신과 세상 사이에 모순이 발생하기 때문에 자신을 방어하든 타인을 설득하든 새로운 생각을 찾아야 한다. 갈등은 현실과의 불화에서 시작된 문제의식이다. 만족과 평화, 안락은 무지의 첫 단계다."

정희진은 자신의 일상과 기존 언어(현실), 자기 경험과 규범이 불일치한다는 것을 깨달을 때 생각이 시작된다고 말합니다. 이런 깨달음을 주는 책은 불편할 수밖에 없습니다. 사고는 불편함이라는 대가를 요구하니까요.

'책은 도끼다'라는 말이 있습니다. 우리나라에서는 카피라이터 박웅현이 쓴 동명의 책이 베스트셀러가 된 까닭에 박웅현이 한 말로 알고 있는 사람이 많습니다. 박웅현은 카피라이터답게 이 말을 독서가 깨달음, 아이디어, 감수성을 높여 준다는 식으로 해석합니다. 기발한 아이디어나 깨달음, 대중을 설득할 수 있는 감수성은 카피라이터에게 유용한 자질이니까요.

그런데 카프카가 이 정도 가벼운 의미로 '책은 도끼다'라는 말을 썼다면, 좀 이상하지 않나요? '책은 도끼다'가 아니라 '책은 죽비다' 정도가 어울릴 것 같은데 말이죠. 죽비로만 맞아도 정신이 들잖아요. 그런데 도끼로 사람을 찍으면 어떻습니까? 최소한 중상, 심하면 사망에 이릅니다.

'책은 도끼다'라는 말은 본래 카프카가 고교 동창이자 친한 친구인 오스카 폴락에게 보낸 편지에 들어 있던 것을 편집해서 만든 것입니다. 클라우스 바겐비하의 《프라하의 이방인 카프카》에는 진짜 원문이 이렇게 실려 있습니다.

우리가 읽는 책이 머리를 주먹으로 한 대 쳐서 우리를 잠에서 깨우지 않는다면 도대체 왜 우리가 그 책을 읽는 거지? 자네 말은, 책이 우리를 행복하게 해준다는 거잖아? 맙소사, 책을 읽어 행복해질 수 있다면 책이 없어도 행복할 거야. 그리고 책이 행복하게 해주는 것이라면 아쉬운 대로 자신이 쓸 수도 있겠지. 그러나 우리가 필요한 책은 우리를 몹시 고통스럽게 하는 불행 같은, 자신보다 더 사랑했던 사람의 죽음 같은, 모든 사람을 떠나 인적 없는 숲속으로 추방당한 것 같은, 자살처럼 다가오는 책이네. 책이란 무릇, 우리 안에 있는 꽁꽁 얼어 버린 바다를 깨뜨려 버리는 도끼가 아니면 안 되는 거야.

카프카와 폴락이 책에 대해 치열한 논쟁을 벌이는 대목입니다. 폴락은 책이 사람을 행복하게 해줘야 한다고 주장합니다. 그러나 카프카는 반대로, 우리에게 필요한 책은 우리를 고통과 불행, 나아가 죽음으로 몰아넣는 책이라고 주장합니다.

카프카는 말 그대로 사람을 죽음으로 몰아넣는 책의 역할을 강조하며 '책은 도끼다'라고 말한 것입니다. 사람을 살리는 것이 아니라 사람을 죽이는 것입니다. 매우 심각한 주장이지요. 이것은 한마디로 글쓰기에 대한 카프카의 신념이라고 봐야 합니다. 나도 사람을 죽이는 도끼 같은 글을 쓰겠다는 신념 말입니다.

박웅현의 자기계발서 《책은 도끼다》는 책을 읽고 영감을 받아 대기업의 광고를 성공적으로 만들어 낸 자신의 경험을 바탕으로 쓴 책입니다. 이 책의 주장은 간단히 말해 독서를 하면 인문적 마인드와 예술적 감수성, 기발한 아이디어가 샘솟아 먹고사는 데 큰 도움이 된다는 것입니다.

박웅현은 사람을 죽이는 것이 아니라 사람을 살리는 것으로서 책의 역할을 강조하는 셈입니다. '책은 도끼다'라는 카프카의 말을 오히려 폴락의 의미로 해석하고 있습니다. 이 정도면 오독이 아니라 곡해라고 할 수 있습니다.

카프카와 폴락의 논쟁은 글을 쓰는 사람에게도 시사하는 바가 큽니다. 글을 쓰는 사람은 독자를 살리는 글을 쓸 것인지, 독자를 죽

글을 쓰면 자신을 발견하게 됩니다

이는 글을 쓸 것인지 고민해 봐야 합니다.

좋은 글이란 어떤 식으로든 독자에게 지적인 충격을 안겨 줍니다. 그 충격이 깊고 오래갈수록 좋은 글입니다. 그렇다면 독자는 언제 지적인 충격을 받을까요? 자신이 옳다고 생각했던 것이 잘못된 것이거나 편견에 불과하다는 것을 깨달을 때입니다. 그럴 때 사람은 정신적으로 훌쩍 성장합니다.

그러나 자신의 생각을 부인하거나 교정하는 것은 결코 유쾌한 일이 아닙니다. 우리는 무조건 책을 많이 읽으면 유익하다고 생각하는 경향이 있지만, 독자를 불편하지 않게 하는 책만 읽으면 좀처럼 지적 성장이 이루어지지 않습니다. 나아가 내 세계관에 맞는 책이나 내 생각이 옳다고 확인시켜 주는 책만 골라서 본다면, 책을 읽을수록 확증편향만 심화될 겁니다.

글을 쓰려면 나의 정신을 성장시켜야 합니다. 그러기 위해서는 불편한 책도 마다하지 않고 읽어야 합니다. 저자의 의견이 나와 다르더라도 뭔가 깊이 있고 설득력 있다는 느낌이 들면 읽어 봐야 합니다.

"함께 아파하고, 고민합시다!"

'탄광의 카나리아'라는 말을 들어 봤을 겁니다. 흔히 작가에 대한 비유로 쓰입니다. 비슷한 비유로 '잠수함의 토끼'라는 표현도 있습니다. 둘 다 많이 알려진 말이지만, 좀 자세히 살펴볼까요.

지하 탄광과 잠수함은 둘 다 언제라도 산소가 부족해지거나 유독가스로 인해 질식할 수 있는 위험한 공간입니다. 공기의 질은 눈에 보이지 않기 때문에 감지하기 어렵습니다.

탄광에는 특별한 환기 시설이 없어 광부들은 언제 유독가스에 중독될지 모르는 위험에 노출되어 있고요. 그래서 메탄이나 일산화탄소에 예민하게 반응하는 카나리아를 새장에 넣어 갱도에 데리고 들어갑니다. 카나리아가 노래하는 동안에는 광부들이 안심하고 일하다가 카나리아가 죽어 노랫소리가 들리지 않으면 갱 내에 유독가스가 퍼지고 있음을 알게 됩니다.

잠수함의 토끼 이야기는 루마니아의 작가 콘스탄틴 게오르규가 제2차 세계 대전을 다룬 소설 《25시》에 나옵니다. 소설에서 주인공 트라이안 코루가는 이렇게 말합니다.

"예전의 초기 잠수함에는 남아 있는 산소의 양을 측정하는 기계 장치가 없었지. 그래서 토끼를 태우고 다녔어. 토끼는 산소 부족에 예민해서 견디지 못하고 먼저 죽거든. 토끼가 죽는다는 건, 잠수함의 승무원들이 앞으로 대여섯 시간밖에 살지 못한다는 뜻이지. 그러면 함장은 최후의 결단을 내려야 해. 적군 구축함의 함포에 맞아 침몰할 각오를 하고 해수면 위로 올라가 산소를 채우든가, 아니면 해저에서 모두 질식해 죽든가. 그러나 어느 쪽이든 죽는 건 마찬가지야. 죽을 땐 서로 권총을 마주 쏘아 자결하는 게 관습이었지. ……토끼가 죽고 나면 행복이란 있을 수 없어. 종말이 올 때까지 남아 있는 시간들은 공포일 뿐이지."

이 이야기에서 토끼의 죽음에 대한 보다 중대한 의미를 발견할 수 있습니다. 토끼의 죽음은 단순한 경보가 아닙니다. 그것은 사실상 잠수함 대원 전원에 대한 사망 선고를 의미합니다. 이것이 중요합니다. '살아날 수 있다'가 아니라 '살아날 수 없다'는 것, 그것을 알기 위해 토끼를 데리고 탔던 것입니다.

　물론 탄광 갱도가 깊지 않으면 광부들이 빨리 탈출해 살아날 가능성이 있습니다. 잠수함도 전쟁 중이 아니라면 수면 위로 떠오를 수 있습니다. 그러나 탄광은 본래 갱도가 깊기 때문에 위험한 곳이고, 잠수함도 본래 적진에 침투해 들어가기 위해 만든 것입니다. 그런 것을 생각하면, 카나리아나 토끼의 죽음은 '삶의 가능성'이 아니라 '예정된 죽음'에 대한 경보라고 보는 게 옳습니다.

　중국의 작가 루쉰도 작가의 역할에 대해 비슷한 이야기를 남긴 바 있습니다.《외침》서문에 나오는 내용입니다.

　"가령 말이야, 쇠로 만든 방이 있다 치자고. 창문은 하나도 없고 부순다는 것은 극히 어려운 일이야. 그 안에 많은 사람이 깊이 잠들어 있는데, 머지않아 모두 숨이 막혀 죽을 거야. 하지만 혼수상태에서 죽어 가는 거니까 죽음의 비애는 조금도 느끼지 않지. 지금 자네가 큰 소리를 질러서 비교적 정신이 있는 사람 몇 명을 깨운다면 말이야, 그 불행한 소수에게 돌이킬 수 없는 임종의 고통을 주게 될 텐데, 자네는 그들에게 미안하지 않겠어?"

　작가의 역할이 이렇습니다. "큰 소리를 질러서 비교적 정신이 있는 사람 몇 명을 깨우는" 일을 합니다. 어차피 죽을 거라면, 몇 명 깨우는 일이 뭐가 중요하냐, 차라리 모르고 죽는 것이 마음 편하지 않겠느냐고 생각할 수도 있습니다.

　　　　　　　　　　　　　　　글을 쓰면 자신을 발견하게 됩니다

그러나 인간은 죽더라도 자신이 왜 죽는지 알고 싶어 하는 존재 아닐까요? 자신의 죽음을 의식하는 존재, 그 죽음조차 사유의 대상으로 삼는 존재 아닐까요? 저도 글을 쓰다가 그런 생각을 해본 적이 있습니다. 제가 독자들을 괴롭히는 일을 주로 하는 것 아닌가 하는. 제가 쓴 책을 읽고 생각이 복잡해졌다거나 골치가 아파졌다는 식의 반응을 접할 때 특히 그렇습니다.

그러나 어쩔 수 없는 일입니다. 독자를 괴롭히고 고통스럽게 하는 것은 작가의 실존적 성격에서 비롯된 것이지, 남의 고통을 보고 즐거워하는 개인의 사디스트적 성향 때문이 아니니까요. 결국 작가가 하는 일은 '우리 인간과 사회에 이런 문제가 있으니, 이런 문제를 인식하고 같이 아파하며 고민하자'는 것입니다.

설사 당장 해결될 문제가 아니더라도, 절망적인 파국이 예정된 문제라 하더라도 작가는 말하지 않을 수 없습니다.

가끔 독자들이 이렇게 말하는 경우가 있습니다. "당신의 문제의식은 잘 알겠습니다. 그렇다면 대안이 뭡니까?" 책에 명확한 대안이 제시되어 있지 않아 독자가 답답한 마음을 가지는 것은 이해가 됩니다.

그러나 작가는 정책 입안자가 아니라 문제를 발견하고 질문하는 사람입니다. 물론 대안이 있다면 그것을 제시할 수도 있겠지요. 그러나 당장 대안이 없는 문제라고 해서 문제 제기를 멈출 수는 없습니다. 일반적으로 한 권의 책이 될 정도로 길게 다루어야 할 문제들은 단순한 문제가 아닙니다. 쉽게 답할 수 있는 문제라면 애초부터 책으로 쓸 필요가 없을 것입니다.

그래서 책에는 대안이라기보다 '우리가 나아가야 할 방향'이 제시되어 있는 경우가 많습니다. 그런데 그 방향이 문제 제기 그 자체에 내포되어 있는 경우가 대부분입니다. 어찌 보면 사족인 셈이지요.

절망적인 문제가 있음을 알았다면 독자가 그 문제를 인식하고 절망하게 하는 것이 작가의 역할입니다. 역설적으로 들릴지 모르지만, 제대로 된 절망 속에서 희망이 생겨나는 경우가 많습니다. 어설프게 희망과 대안을 말하는 것이 실은 절망적 상황을 직시하지 않고 회피하는 경우도 많고요. 그것이 오히려 상황을 악화시킵니다.

"그렇다면 대안이 뭡니까?"라는 질문에는 무엇보다 그렇게 묻는 사람의 실존성이 무화無化되어 있습니다. 이런 질문을 받으면 저는 이렇게 되묻고 싶어집니다. "그렇게 질문하는 당신은 무엇입니까?" 독자에게 시비를 걸려는 것은 아닙니다. 문제를 인식했으면 "같은 사회적 구성원으로서 함께 고민해야 하지 않느냐? 그렇게 해결책을 누군가에게 위탁하면 안 되는 것 아니냐?"라고 말하고 싶은 것입니다.

글을 쓰려면, 세상일에 예민하게 반응할 수 있어야 합니다. 어제가 오늘 같고, 오늘이 내일 같은 사람은 글을 쓰기 힘듭니다. 세상은 그냥 흘러가는 것이 아닙니다. 거기에는 일정한 흐름과 방향이 있습니다. 그것이 무엇을 의미하는지 알아야 하고, 그것이 나중에 어떤 결과, 어떤 파국을 만들어 낼지 분석할 수 있어야 합니다.

작가란 누구보다 외부 자극에 민감하게 반응하고, 그것을 자신의 가치관으로 해석해 독자들이 자기처럼 보고 느낄 수 있도록 하는 사람입니다. 외부의 자극은 있는데, 이래도 그만 저래도 그만이라는 식으로 둔감하게 반응하는 사람은 글감을 찾기가 쉽지 않을 것입니다.

나의 위치에서
생각하고 글쓰기

필자들은 흔히 자신의 글이 언제, 어디서나, 누구에게나 통용되는 보편적 진리인 것처럼 쓰기를 좋아합니다. 보편적인 진리는 보편적인 필자의 위치를 설정합니다. 마치 하늘에서 뚝 떨어진 신 같은 존재가, 세상에 아무런 이해관계도 갖지 않는 공평무사한 사람이 얘기하는 것처럼 쓰는 것이지요. 그래야 불특정 다수의 독자에게 어필할 수 있고, 글의 권위가 높아지니까요.

당연한 말이지만, 필자도 인간입니다. 인간은 여기에도 있고 저기에도 있는 범신론적인 존재가 아니라, 구체적인 피와 살로 이루어져 있으며 일정한 시공간을 점유하고 있는 존재입니다. 필자도 각자

글을 쓰면 자신을 발견하게 됩니다

계급, 계층, 사회적 지위, 출신성분을 갖습니다. 다른 사람들과 마찬가지로 정치경제적 욕망과 이해관계, 그에 따른 입장이 있습니다.

예를 들어 보지요. 우리가 일상적으로 보는 신문에는 소위 '오피니언 리더'들의 칼럼이 실립니다. 우리나라에서 오피니언 리더를 이루는 가장 큰 집단은 대학 교수입니다. 대학 교수들은 일정한 지적 권위를 갖고 사회 문제에 대해 발언합니다. 그 지적 권위에 힘입어 그들의 발언은 객관적인 것처럼 보입니다.

그러나 한번 따져봅시다. 대학 교수들은 경제적으로 중산층 이상에 속합니다. 오랫동안 공부를 하고, 해외 유학을 다녀오고, 석사·박사학위도 따려면 집안의 경제적 뒷받침이 어느 정도 되어야 합니다. 그런 까닭에 소위 '금수저' 출신도 많습니다. 그렇다면 사회문제를 바라보는 이들의 시선에는 특별한 일이 없는 한, 엘리트적 관점이 반영되어 있다고 볼 수 있지 않을까요?

한 가지 더 말해보지요. 대학 교수들은 언론 지면을 통해 온갖 사회 문제를 다룹니다. 그런데 가장 다루지 않는 문제가 있습니다. 바로 '사학 비리'입니다. 주지하다시피, 우리나라 대학은 사학 비중이 세계적으로도 유래 없이 높습니다. 80%가 넘습니다. 당연히 사회적 발언권을 얻은 대학 교수들도 대부분 사립대학에서 밥벌이를 합니다. 대학 교수라는 지위도 대부분 사학 재단으로부터 부여받은 것입니다. 사회적 발언권도 그 지위를 바탕으로 얻은 것이고요.

바로 그 점이 사학 비리를 '등잔 밑'으로 만듭니다. 많은 교수들이 사학에 몸담고 있는 만큼 당연히 사학 비리에 대해서도 잘 알고 있을 것입니다. 그럼에도 불구하고 오피니언 리더로서 이 문제는 건드리지 않습니다. 사학 비리에 관한 논의에서 이것은 심각한 딜레마입니다. 교수들이 재단을 자유롭게 비판할 수 있어야 사학민주화가 가능한데, 그러려면 사학 비리 구조가 먼저 개선돼야 합니다.

위치성에 대한 다른 예를 들어 보지요. 각종 언론에 글을 쓰는 삼성경제연구소 연구원이 있다고 가정합시다. 이 사람이 삼성을 비판하는 글을 쓸 수 있을까요? 불가능할 것입니다. 삼성에 대한 비판만 안 할까요? 아마 재벌 전반에 대한 비판을 삼갈 것입니다. 재벌들은 하나의 패밀리라고 해도 좋을 만큼 서로 혼맥으로 긴밀하게 연결되어 있습니다. 또한 공통의 정치경제적 이해관계를 갖고 있는 그들은 한국경영자총협회라는 단체도 구성하고 있으니까요.

현대사회는 '기업사회'라고 할 정도로 기업의 사회 지배력이 절대적입니다. 영향력이 미치지 않는 분야가 없습니다. 그렇다면 이 연구원은 사회 전반에 대해 비판하기가 쉽지 않겠지요. 그의 사회적 발언권은 독립적인 지식인으로서가 아니라 삼성경제연구소 연구원으로서 주어진 것이니까요. 그러므로 그가 어떤 발언을 하든 삼성과의 관계 속에서 그 발언을 해석하는 것은 무리가 없습니다.

모든 필자는 자신이 선 자리에서 세계를 바라보고 그것을 글로 씁니다. 그러므로 글을 읽을 때는 필자의 사회적 위치성을 파악하는 것이 관건입니다. 글을 읽을 때는 그냥 필자의 생각과 지식을 따라가기보다는 가시적으로 표명된 메시지와 필자의 위치성 사이의 맥락을 파악해야 합니다. 그래야만 메시지의 진면목이 드러납니다.

맥락은 이게 다일까요? 아닙니다. 여기에 독자 자신의 위치를 고려해야 합니다. 독자 역시 자신이 가진 위치성이라는 것이 존재할 것이기 때문입니다. 텍스트와 필자의 위치 사이에서 발생한 맥락, 즉 콘텍스트를 내 위치에서 다시 고쳐 읽어야 합니다. 그래야 '주체적 읽기'가 가능해집니다. 글을 읽는다는 것은 이처럼 단순한 문제가 아닙니다.

글을 쓸 때도 마찬가지입니다. 자기 위치에서 생각하고 글을 써야 자기만의 관점, 문제의식, 입장, 가치관이 투영됩니다. 그런 글은 필연적으로 독자에게 호불호好不好 혹은 시비是非의 감정을 불러일으킵니다. 그런 글은 독자가 동의하는 경우는 물론이고, 동의하지 않는 경우에도 좋은 지적 자극을 줍니다.

객관적이라는 미명하에 자신의 관점, 문제의식, 입장, 가치관이 없거나 잘 보이지 않는 글은 굳이 읽거나 쓸 필요가 없습니다. 저도 이런 글은 읽다가 그만둡니다. 투자하는 시간에 비해 얻는 것이 적고, 얻는다 해도 기껏해야 생기 없는 지식이나 감상일 뿐이니까요. 필자의 관점, 문제의식, 입장, 가치관이 잘 보이지 않으니, 열독하고 싶은 마음 자체가 생기지 않습니다.

자신의 관점, 문제의식, 입장, 가치관이 확실한 책은 제목만 봐도 느낌이 오는 경우가 많습니다. 예를 들어 이반 일리치의 《병원이 병을 만든다》가 그렇습니다. 병원이 병을 고치는 기관이라는 건 모두가 아는 상식입니다. 그런데 이 책은 그 상식에 도전하는 제목을 내걸고 있습니다.

이런 책은 제목만 봐도 상당한 지적 열정을 갖고 썼다는 것을 짐작할 수 있습니다. 사람들이 일반적으로 믿고 있는 상식을 깨기 위해서는 적잖은 용기와 노력이 수반되지 않으면 안 되기 때문입니다. 논리와 근거가 어지간히 치밀하지 않으면 독자들이 설득되지 않을 테니까요. 이런 책이 내포하는 뜨거운 지적 열정은 독자에게 고스란히 전이됩니다.

예를 하나 더 들어 볼까요. 사회심리학자 에리히 프롬의 《자유로부터의 도피》라는 책 역시 제목을 곱씹어 보면, 꽤 흥미롭습니다. 자유는 좋은 것이라는 게 일반적인 통념입니다. 자유를 싫다고 할 사람은 없으니까요. 역사적으로도 자유를 쟁취하기 위한 투쟁이 계속 이어졌고, 목숨을 바친 사람도 많다는 걸 우리는 알고 있습니다.

그런데 프롬은 사람들이 자유를 피해 오히려 달아난다고 말하며, 그 이유를 사회심리학적 관점에서 조목조목 제시합니다. 이 역시 독자를 설득하기에 녹록한 주제는 아닙니다. 이런 책에는 필자의

글을 쓰면 자신을 발견하게 됩니다

확고한 관점, 문제의식, 입장, 가치관이 투영되어 있습니다. 필자는 확고한 자신의 위치성을 드러냅니다. '내가 이런 입장에서 보니, 이렇더라' 하는 것입니다.

이런 책의 내용에 동의하는 독자는 당연히 상당한 지적 충격을 받을 것이고, 설사 동의하지 않더라도 상당한 내적 고민과 분란이 생길 것입니다. 이런 책은 치밀한 논리와 근거로 짜여 있기 때문에, 동의하지 않는다 하더라도 단순히 "나는 이 책의 주장이 마음에 들지 않는다"라고 감정적으로 말하지 말고 그에 대항할 논리와 근거를 찾아야 합니다. 그것은 깊은 지적 탐구를 유발합니다.

필자의 보편적 위치란 허구입니다. 자신의 보편적 위치를 상정하는 필자들의 면면을 보면, 서울이나 경상도 출신, 남성, 백인, 유럽이나 미국 유학생 출신, 중상류층, 비장애인, 이성애자, 학벌 좋은 사람임을 알 수 있습니다. 사회 주류에 속하는 사람들이 자신의 입장을 '보편적'이라고 말하는 것입니다. 보편적 위치와 진리란 없습니다. 항상 내 위치에서 용의주도하게 생각하고 글을 쓰지 않으면 안 됩니다.

독자가 아니라
출판인에게
글을 쓴다고?

질문을 하나 해보겠습니다. 글은 누구를 대상으로 쓰는 것일까요? 아마 대부분 '독자'라고 대답할 것입니다. 원론적으로는 맞는 얘기입니다. 그러나 일반적으로 필자의 글은 곧장 독자와 만나지 않습니다. 출판사나 신문·잡지사를 거쳐서 만납니다.

물론 인터넷이나 SNS를 통해 곧장 독자를 만날 수도 있지만, 그것은 공식적인 문필 활동으로 여겨지지 않는 것이 현실입니다. 많은 독자와 만나기도 어렵고, 글에 신뢰와 권위가 부여되지도 않으며, 경제적 대가도 받기 어렵지요.

출판사나 신문·잡지사는 일정한 자기 독자를 확보하고 있습니

글을 쓰면 자신을 발견하게 됩니

다. 필자가 출판사나 신문·잡지사를 통해 자신의 글을 선보인다는 것은, 거꾸로 말하면 그 회사들이 이미 확보하고 있는 독자들을 내 독자로 끌어온다는 의미도 있습니다. 필자에게는 상당히 매력적인 일이지요.

출판사나 신문·잡지사는 필자들을 걸러 내는 필터 역할을 합니다. 이들도 이익을 내야 하는 까닭에, 기본적으로는 상업성을 기준으로 할 수밖에 없습니다. '글'이라는 상품은 대표적인 지적 상품입니다. 이 상업성에는 원고의 질에 대한 판단도 포함됩니다.

글을 써서 독자들과 빨리 만나고 싶은 사람 입장에서는 회사들이 길을 가로막는다는 느낌을 받을 수도 있습니다. 그러나 이런 필터링 때문에 필자와 글에 일정한 신뢰와 권위가 생긴다는 점 역시 부인할 수 없습니다.

작가들이 출판사나 신문·잡지사의 문턱을 통과해야 한다는 사실은 글쓰기에 많은 영향을 미칩니다. 미디어 철학자 빌렘 플루서는 《디지털 시대의 글쓰기》에서 이렇게 말했습니다. "내가 모든 사람을 위해 글을 쓰고 있다는 생각은 과대망상적이다. 직접적으로 그의 수용자(독자)에게 글을 쓰는 것이 아니고 오히려 자신의 중개자(출판인)에게 글을 쓰고 있다."

작가들이 독자에게 글을 쓰고 있는 것처럼 보이지만, 실은 출판인에게 글을 쓰고 있다는 말입니다. 물론 작가들은 그 출판인 너머에 있는 독자들을 의식합니다. 그러나 1차적으로는 출판인이 독자 대상이라고 할 수 있습니다. 출판인을 통과하지 못하면 결국 독자에게도 글이 전달되지 않으니까요.

우선 글은 출판인의 공감을 얻지 않으면 안 됩니다. 단지 글이 인쇄되어 세상에 발표되기 위해 이들의 공감을 얻어야 한다는 말이 아닙니다. 출판인은 독자이되, 일반 독자들의 반응을 의식하고 예측하는 독자입니다. 출판인의 공감을 얻지 못하는 글은 일반 독자의 공감도 얻지 못하는 경우가 많습니다. 출판인의 공감은 그래서 중요합니다.

플루서에 따르면, 인쇄된 텍스트는 글 쓰는 사람과 출판인 사이에 나눈 악수의 결과입니다. 그것은 악수한 두 사람의 손자국을 담고 있습니다. 인쇄된 텍스트는 두 사람이 독자를 감명시키기로 공모한 결과입니다. 필자와 출판인은 독자를 대상으로 한 사업에서 한패라고 할 수 있습니다.

그렇지만 텍스트 생산 과정에서 서로 알력이 없는 것은 아닙니다. 그 과정에서 두 사람의 역할과 비중은 천차만별입니다. 필자의 비중이 큰 경우도 있고, 출판인의 비중이 큰 경우도 있습니다. 일반적으로 텍스트 생산의 주체는 필자이기 때문에, 출판인의 비중이 큰 경우가 있다는 말이 이상하게 들릴 수도 있습니다.

제 작가 생활 초창기 때의 일입니다. 한 출판사 편집장이 기획출

글을 쓰면 자신을 발견하게 됩니다

판을 제안해 왔습니다. 참고로 기획출판이란 출판사가 기획하고, 그에 맞는 저자를 섭외해서 책을 내는 것을 말합니다. 만나서 얘기를 들어 보니, 제안하는 주제가 그리 나쁘지 않고 제가 잘 쓸 수 있을 것 같아 수락했습니다.

그리고 몇 개월 뒤 원고를 다 써서 보냈습니다. 그런데 며칠 후, 편집장으로부터 출판사로 와달라는 연락이 왔습니다. 갔더니 책상과 컴퓨터를 하나 내주면서 내용이 마음에 들지 않는 부분이 있으니, 여기 앉아서 글을 좀 고쳐 달라고 부탁하는 것이었습니다. 처음엔 단순한 교열 수준의 부탁이라고 여겨 작업을 진행했습니다.

그런데 그게 아니었습니다. 편집장의 요구는 끝이 없었습니다. 고쳐서 검사받고, 고쳐서 검사받는 작업을 한나절 정도 한 것 같습니다. 그러다 보니 원고 내용이 점점 내 세계관과 어긋나는 방향으로 흘러갔습니다.

저는 점점 화가 났습니다. '그럴 거면 당신이 쓰지, 왜 나한테 써 달라는 것이냐?' 하는 생각이 들어, 결국 편집장과 싸우고 계약을 파기했습니다. 계약 파기는 보통 일이 아닙니다. 책 한 권을 쓰려면 최소한 6개월 이상 걸리는데, 그동안 들인 공력이 무용지물이 될 수 있음을 각오해야 하니까요. 계약금도 돌려줘야 하고요. 하지만 내 생각과 다른 글이 내 이름으로 나가는 것을 허락하기 힘들었습니다. 다행히 그 원고는 다른 출판사와 다시 계약되어, 책이 나온 뒤 언론의 주목도 꽤 받았고, 독자의 반응도 괜찮았습니다.

그 편집장은 왜 그랬던 것일까요? 그는 글의 소재만 자신이 정해 준 것이 아니라, 자신이 원하는 내용과 결론으로 글이 나오길 바랐던 것입니다. 책 기획자이니 그럴 권리가 있다고 생각한 거지요. 저는 글의 주제는 출판사로부터 넘겨받았지만, 그 범주 안에서 제가 하고 싶은 얘기를 할 수 있다고 생각한 거고요. 이처럼 출판사가 필자를 하청업자 취급하는 경우는 좀 극단적인 예입니다.

플루서는 "인쇄된 텍스트는 글 쓰는 사람의 표현 압력 그리고 출판인의 반대 압력으로 인한 결과다"라고 말했습니다. 흔히 필자는 자신이 쓰고 싶은 것을 마음껏 쓴다고 생각하지만, 독자가 읽는 글에는 출판인의 반대 압력으로 인한 결과가 워터마크_{watermark}처럼 찍혀 있습니다.

작가 생활을 하려면, 현실적으로 출판인과 타협하지 않을 수 없습니다. 출판인이 필자에게 이런저런 압력을 행사하는 것은 대부분 상업적 이유 때문입니다. 물론 상업적 고려는 필자에게도 중요한 문제입니다. 경제적 수입도 있어야 하지만, 무엇보다 독자가 읽어 주지 않는 글은 아무 쓸모가 없으니까요. 실제로 출판인의 조언과 압력을 받아들여 상업적으로 큰 성공을 거두는 예도 없지 않습니다.

그럼에도 출판인과 타협할 때는, 필자가 줏대와 자기중심을 지키는 것이 중요합니다. 필자인 내가 책임질 수 있는 글, 내 세계관에

글을 쓰면 자신을 발견하게 됩니다

어긋나지 않는 글을 세상에 내보내는 게 가장 중요합니다. 글은 그냥 상품이 아니라, 자신의 정신을 보여 주는 지적 상품이기 때문입니다. 독자들은 여전히 필자의 사상적 정수가 들어 있는 글이라 믿고 읽습니다. 그런 믿음이 없다면, 독자들이 글을 읽을 이유가 없을 것입니다. 글이 내 이름을 걸고 나가는 이상, 글에 대한 책임은 나에게 있을 수밖에 없다고 생각해야 합니다.

장기적 관점에서 보면, 자신의 세계관과 일치하는 글을 쓰는 것이 상업적인 측면에서도 유효합니다. 글 A에서는 이렇게 말했다가, 글 B에서는 영 다르게 말하는 필자라면 독자가 신뢰하기 힘들 것입니다.

매체와의 관계 속에서
글이 쓰인다

매체는 직접적인 압력을 가할 때만 필자에게 영향을 미치는 것이 아닙니다. 아무런 압력을 가하지 않을 때도 압력이 되는 경우가 있습니다. 이해하기 쉽게 다시 제 얘기를 해보겠습니다. 역시 작가 생활 초창기 때의 일입니다.

　한 중견기업 사보 팀에서 대중문화비평을 연재해 달라는 연락을 해와 수락한 뒤, 마감일에 맞춰 글을 써서 보냈습니다. 보통 글이 실리면 사보를 집으로 보내 주는데, 받아 보니 그 회사 회장님의 글이 전체의 3분의 1이나 되었습니다.

　처음에는 그런가 보다 하고 넘어갔는데 사보를 받아 볼 때마다

　　　　　　　　　글을 쓰면 자신을 발견하게 됩니다

회장님의 글이 많았습니다. 사보가 마치 회장님의 개인 매체 같았습니다. 더 당혹스러운 것은 글의 내용이었습니다. 글을 보니, 회장님은 나이가 많은 편이었는데, 육사 출신에 베트남 참전용사이며 독실한 기독교도였습니다.

회장님은 일종의 사명감을 갖고 사보를 통해 자신의 보수적 가치관, 종교적 가치관을 설파하는 것 같았습니다. 저는 진보적인 편에 속하고 종교는 없는데, 글을 쓸수록 자꾸 회장님이 신경 쓰였습니다. 본인이 직접 사보에 글을 쓰니, 사보가 나올 때마다 실린 글을 꼼꼼히 읽어 볼 것이 뻔했거든요.

경제적 수입이 별로 없을 때여서 연재를 하긴 해야겠는데, 계속하자니 회장님의 눈치가 보여 하고 싶은 얘기를 제대로 하기 힘들었습니다. 저에게 글을 청탁한 담당자와의 관계도 신경 쓰였고요. 제가 원하는 대로 쓰면, 연재를 부탁한 사보 담당자가 왜 이런 필자를 섭외했냐며 질타를 들을 것 같았습니다. 주어진 조건에서 최대한 소신껏 이야기하려고 했지만 점점 위축되는 글을 보면서 결국 담당자에게 양해를 구하고 연재를 그만뒀습니다.

글이라는 게 예민합니다. 글이란 필자의 사상과 감정을 담고 있는 그릇이기 때문에 그것을 빼고는 글을 쓸 수 없습니다. 데뷔한 지 오래된 중견 작가라면 글을 청탁하는 사람도 그 작가의 가치관이나 글의 성격을 알고 섭외할 테지만, 이제 막 작가 생활을 시작한 사람은 이런 일이 생기기도 합니다.

매체는 각기 성격이 다릅니다. 정치적 성향도 다르고요. 진보적인 매체도 있고 보수적인 매체도 있습니다. 매체의 성격에 따라 매체 독자들의 성향도 달라집니다. 매체에 글을 쓰는 경우에는 해당 매체 독자층의 반응을 예상하면서 글을 쓰게 됩니다.

그러므로 똑같은 필자라도 진보 매체에 글을 쓸 때와 보수 매체에 글을 쓸 때 내용이 달라질 수 있습니다. 예를 들어 진보적인 필자가 진보 매체에 글을 쓸 때는 그 매체의 진보 성향 독자들이 알 법한 (합의할 법한) 내용 이상의 것을 쓰려고 합니다. 그래야 읽을 만한 글이 되니까요.

진보적인 필자는 진보 매체에 글을 쓸 때, 아무래도 편합니다. 자신이 하고 싶은 이야기를 마음껏 할 수 있으니까요. 그러나 이 필자가 보수적인 매체에 글을 쓸 때는 어떨까요? 정치적인 담론을 피하고 비정치적인 담론을 쓰거나, 보수적인 독자도 받아들일 법한 상식적인 내용에 의지해서 진보적인 견해를 피력하려 할 것입니다. 아무래도 소극적인 글쓰기가 될 수밖에 없지요.

작가의 글쓰기는 어떤 식으로든 원고를 청탁한 매체의 영향을 받습니다. 그렇다고 청탁을 받는 것이 나쁘기만 한 것은 아닙니다. 청탁하는 쪽이 일방적으로 던져 주는 글감은 평소에 생각해 보지 않았던 문제들에 대해 자료를 찾아보고 깊이 연구할 기회가 되기도 하니까요.

일반적으로 원고를 청탁하는 사람들은 시대적 흐름, 사회적 이슈에 민감합니다. 독자들의 흥미와 관심에 부응해야 하기 때문이지요. 따라서 청탁을 받으면, 시대적 흐름이나 사회적 이슈에 대한 감각을 키우는 데 도움이 되기도 합니다. 우연한 원고 청탁이 책을 쓰는 데 중요한 영감을 제공할 수도 있습니다.

문학평론가 김우창은 이런 얘기를 한 적이 있습니다. "소설가 김광주 선생 말이, 김훈 씨의 아버지라고 알고 있는데, 써온 작품들을 생각해 보니 동네에서 양복 만들어 주는 사람과 똑같다고, '사람이 와서 양복 주문하면 그 몸에 하나씩 재어서 해주는 것밖에 못했다'고 얘기하더라고 그러셨지요. 나도 지나고 보니까 그렇게 된 것 같아요. 다른 한편으로는 그렇기 때문에 글을 쓸 수 있었던 것 같기도 해요."

대부분의 글쟁이가 공감할 것 같습니다. 제가 이제까지 글을 쓸 수 있었던 것도 출판사나 신문·잡지사와 끊임없이 약속이 생겼기 때문입니다. 언제까지 글을 써주겠다고 약속하면, 그 약속을 지키기 위해 글을 썼고, 그 글을 본 다른 출판사나 신문·잡지사에서 연락을 해와 다음 약속이 생기곤 했습니다.

작가들이 부지런히 글을 쓰는 것은 이러한 사회적 약속 때문이지, 단순히 개인의 의지 때문이 아닙니다. 앞서 말했듯이, 글쓰기처럼 혼자 하는 일은 본래 게을러지기 쉽습니다. 오랜 활동을 통해 한 작가가 만들어 내는 일련의 작품 흐름도, 엄밀히 말하면 혼자서 만든 것이 아닙니다. 출판사나 신문·잡지사와 함께 만든 것이죠.

작품 활동을 하다 보면, 유독 궁합이 잘 맞는 출판인을 만나기도 합니다. 이것은 달리는 말이 날개를 얻은 격으로, 작가에게는 큰 행운입니다. 이런 출판인을 만나면 작가는 자신의 역량을 십분 발휘하고, 출판 결과도 좋은 경우가 많습니다.

기성 작가들과 출판사의 궁합은 어느 정도 유추도 가능합니다. 한 작가가 특정 출판사에서만 꾸준히 책을 내는 경우는 해당 출판사에 대한 작가의 믿음이 굳건하다는 의미로 볼 수 있습니다. 반대로 여러 출판사를 전전하며 책을 내는 작가는 아직 마음에 드는 출판사를 발견하지 못한 것이라 할 수 있겠죠.

작가들과의
관계 속에서 글쓰기

정신분석학자 줄리아 크리스테바는 글쓰기에 관해 이런 말을 남겼습니다. "텍스트의 언어는 그것에 앞서거나 같은 시점의 문학 자료 전체를 향하고 있다." 여기서 말하는 '문학'은 협의의 문학이 아니라, 광의의 문학입니다. 소설이나 시뿐 아니라 인쇄된 모든 글을 뜻합니다.

크리스테바의 말처럼, 글은 다른 작가들이 쓴 글들에 대한 반응 (입장)이라고 할 수 있습니다. 한 명의 작가는 다른 작가들의 글을 읽으면서 호불호, 시비의 사상과 감정을 만들어 냅니다. 글감도 거기에서 생기고요.

글을 읽다 보면, 어떤 글은 너무 좋아서 단순한 동의를 넘어 작가에 대한 감탄과 존경의 마음이 생기기도 합니다. 흔히 사숙私淑 관계라고 하지요. 직접 가르침을 받지는 않지만, 마음속으로 따르고 배우는 관계 말입니다. 그런 사숙 관계에 있는 작가, 요즘 말로 '멘토'라고 할 수 있는 작가가 생깁니다. 멘토는 동시대 작가일 수도 있고, 이미 죽은 작가일 수도 있습니다.

좋아하는 작가의 글은 아무래도 글을 쓸 때 자주 인용하고 참고하게 됩니다. '인용'이란 게 참 묘합니다. 실은 그런 작가들의 글을 읽었기 때문에 어떤 아이디어가 생긴 경우가 많은데, 오히려 그 아이디어를 정당화하기 위해 그 작가들의 글을 동원합니다. 이것이 '인용'입니다.

인용은, 말하자면 독자에게 이렇게 말하는 것입니다. '당신이 내 말은 완전히 신뢰하지 않지만 저명한 작가인 A는 믿지 않느냐? 그가 이렇게 말했다. 어떤가? 내 주장과 비슷하지 않은가? 그러니 내 말도 믿어 주시길.' 이런 방식으로 독자를 설득하고, 신뢰를 얻어 나갑니다. 인용은 그 작가의 지적 권위도 이용하는 셈입니다.

물론 다른 작가의 글을 읽고 반발심이 생기는 경우도 있습니다. 이게 말이 되나 싶은 글도 있고, 교묘한 논리로 대중을 기망하는 글도 있습니다. 한 작가가 예전에 쓴 글과 지금 쓴 글의 내용이 상충하는 경우도 있습니다. 작가가 자신의 정치경제적 이해관계 때문에 어떤 얘기를 축소하거나 은폐할 수도 있고요. 이런 글을 읽으면 비판

글을 쓰면 자신을 발견하게 됩니다

하거나 지적하고 싶은 생각이 듭니다. 또 그 생각 때문에 자꾸 글을 쓰게 되고요.

글을 쓰면, 작가들에 대한 정보가 대폭 늘어납니다. 앞서 말했듯이, 글을 쓰면 일반 독자보다 훨씬 많은 글을 읽게 되어 작가들에 대한 정보도 많이 알게 됩니다. 발표되는 모든 글을 읽을 수는 없지만, 어떤 작가가 어떤 성향의 글을 쓴다는 것 정도는 알게 되지요. 출판사나 신문·잡지사 관계자로부터 간접적으로 전해 듣는 정보도 더러 있고요.

혹은 다른 작가들을 직접 만날 기회도 생깁니다. 어떤 행사에 함께 심사위원으로 위촉되거나 토론자로 초청받는 경우가 그렇습니다. 문인 단체에 가입하면, 각종 행사와 회합이 많습니다. 서로 친분이 생기면 각종 경조사에서도 마주치게 됩니다. 다른 분야도 그렇겠지만, 출판계와 지식계는 매우 좁습니다. 활동하다 보면, 직접적인 친분이 없더라도 한 다리 건너면 아는 작가가 많아집니다.

저는 굳이 다른 작가들과 친분이나 패거리를 만들려고 노력하지 않는 편입니다. 아무래도 친분이 생기면 자유로운 비판이 힘들어지니까요. 다른 작가들과 알고 지내면, 좋은 지적 자극을 주고받을 수도 있지만, 패거리 문화를 기반으로 한 소모적인 정치와 자유로운 비판 의식의 소거라는 단점도 있습니다.

글쟁이가 된다는 것은 작가와 책(글)에 대한 전문가가 된다는 것과 같은 말입니다. 어떤 분야에 어떤 작가들이 있고, 그 작가들이 각기 어떤 주장을 하는지 개괄할수록 쓸 수 있는 글이 많아집니다. 하나의 텍스트는 이미 쓰인 다른 텍스트와의 대화라고 할 수 있습니다. 그것을 '상호 텍스트성'이라고 합니다. 모든 글은 상호 텍스트성의 결과입니다.

글을 쓰다 보면, 예전에 존경했던 작가가 전혀 존경할 만한 사람, 믿을 만한 사람이 아니라는 걸 알게 되는 경우도 많습니다. 서양 속담에 '종 앞에 영웅 없다'는 말이 있습니다. 종은 주인을 가까이서 보필하는 까닭에 주인의 시시콜콜한 면까지 알게 됩니다. 밖에서 존경받는 주인이 실제로는 어떤 사람인지 너무 잘 알기 때문에 주인을 영웅으로 생각하지 않습니다.

작가도 마찬가지입니다. 멀리서 봤을 때는 좋은 작가, 훌륭한 지성인 같았는데, 그 사람에 대해 아는 것이 많아지면 머릿속에 그렸던 이상적인 작가상과 거리가 멀다는 것을 알게 됩니다. 물론 알면 알수록 좋은 작가도 있지만, 그런 작가는 극소수에 불과합니다.

문필 활동을 하다 보면, 기성 작가들에 대한 판타지가 많이 사라집니다. 글쓰기에서 이것은 좋은 일입니다. 왜냐하면 그들의 글을 읽을 때도 판타지를 갖지 않기 때문입니다. 작가와 글에 대한 판타지가 사라지면, 훨씬 날카롭게 글을 독해하게 됩니다.

예비 작가일 때는 눈에 보이는 기성 작가의 글 솜씨와 메시지에

글을 쓰면 자신을 발견하게 됩니다

매료되는 경우가 많습니다. 저도 그랬고요. 그러나 작가들에 대한 정보가 축적되면, 어떤 작가가 올바른 얘기를 하더라도 그의 불미스러운 전력과 발언, 그가 속한 집단의 성격, 변질되어 온 사상 편력, 그가 갖고 있는 정치경제적 이해관계의 바탕 위에서 글을 독해하게 됩니다. 눈에 보이지 않는 '행간'을 읽게 되지요.

글을 쓰는 데 필요한 것은 텍스트를 콘텍스트로 읽을 수 있는 능력입니다. 작가가 구체적으로 사회 현실과 어떤 관계를 맺고 있는지 그 맥락을 파악하고, 그 속에서 글을 독해해 나가는 능력이 필요합니다. 그러한 고도의 독해능력을 갖춰야 섬세하고 날카로운 글쓰기가 가능해집니다.

4장

글쓰기의 가치는
무엇일까?

글쓰기는
정돈된 사유를
유도한다

이 명제가 맞는지 틀리는지 생각해 보세요.

"생각이 있어야 글을 쓸 수 있다."

어떤가요? 맞는 얘기지요. 생각이 있어야 글감이 생기고, 글감이 있어야 글을 쓸 수 있으니까요. 그럼 이건 어떤가요?

"글을 쓰면 생각이 난다."

사실 이것도 맞는 말입니다.

글을 쓰려면, 대강이라도 할 얘기가 있어야 합니다. 글감이 아예 없으면 글을 시작할 수도 없으니까요. 그런데 글을 쓰다 보면 막연했던 생각이 구체화되는 것을 느낄 수 있습니다. 생각이 더욱 자세하고 선명해집니다. 그뿐 아니라 글을 쓰다 보면, 몰랐던 것을 알게 되기도 합니다.

일본 논픽션 작가 다치바나 다카시의 《나는 이런 책을 읽어왔다》에 이런 내용이 있습니다. "발견이라는 것은 참으로 이상해서, 저조차도 글을 쓰는 도중에 비로소 이해되는 경우가 있습니다. 문장을 머릿속에서 이리저리 만들어 보고 있을 때는 아직도 매우 혼돈스러운 상태에 있는 것입니다. 그 상태에서 구체적인 문장을 여러 가지 조합하다 보면 불현듯, '아, 그렇지!' 하고 생각되는 때가 있습니다."

글을 써보면, 언어가 사유의 도구라는 것을 실감하게 됩니다. 작가는 언어를 전문적으로 다루는 사람입니다. 작가만큼 언어를 조탁하고, 신중하게 고르고, 배치하고, 분석하는 사람은 없습니다. 그 과정에서 자신의 생각을 정치精緻하게 만들 뿐 아니라 새로운 생각을 발견하기도 합니다.

앞서 '작가는 생각하는 것을 업으로 삼는 사람'이라고 말한 바 있습니다. 작가는 글을 쓰기 위해 미리 생각하는 사람이기도 하지만, 글을 쓰면서 '없던 생각을 해내는 사람'이기도 합니다. 집필하는 과정이 곧 생각하는 과정이기 때문입니다.

간혹 작가들은 이렇게 말할 때가 있습니다. "이건 말이야, 써봐야 알겠는데." 글이 될지 안 될지, 글이 된다 해도 그 질이 좋을지 안 좋을지, 어떤 결론이 나올지 써봐야 안다는 말입니다. 이것은 작가들이 완결된 생각을 갖고 글을 쓰는 것이 아니라는 의미입니다. 일정한 문제의식과 메시지를 갖고 글 작업을 시작하긴 하지만, 구체적인 것은 써봐야 아는 경우가 많습니다.

사람들은 흔히 '내가 아는 것'을 그냥 쓰면 된다고 생각합니다. 물론 그렇게 해도 글은 됩니다. 그러나 좋은 글은 되지 못합니다. 일반적으로 '내가 아는 것'은 독자도 안다고 생각하면 됩니다. 독자는 바보가 아니니까요. 글이란, 글을 쓰려고 모은 자료를 분석하면서 알게 된 것을 쓰는 것입니다. 내가 본래 몰랐는데 알게 된 것을 써야, 독자들도 '이거 읽을 만한데' 하는 반응을 보입니다.

글을 쓰기 위해서는 우선 자신의 생각을 알아야 합니다. 그런데 이게 쉽지 않습니다. 일본의 논픽션 작가 사노 신이치는 "인간의 내면이야말로 가장 큰 서스펜스이면서 미스터리"라고 했습니다. 나의 내면도 마찬가지입니다. 글을 써보기 전에는 내가 무슨 생각을 하는지, 내가 어떤 의견에 동의하는지, 어떤 일에 분노하는지 잘 알 수 없습니다. 대충은 알겠지만, 명확히 알긴 어렵습니다.

영국 소설가 윌리엄 새커리는 이런 얘기를 한 적이 있습니다. "한 인간의 마음속에는 자신이 알지 못하는 수천 가지 생각이 있다. 펜을 들고 쓰기 전까지는." 글을 쓰기 전에도 우리는 이런저런 생각을 합니다. 그러나 글을 쓰면서 이루어지는 생각의 정돈에 비하면 그것은 의식의 혼돈, 의식의 소음에 불과할지도 모릅니다.

글을 쓰면 자신을 발견하게 됩니다

독자들도 완성도 높은 글을 보면, 작가가 '많은 생각을 하고 나서 글을 쓰기 시작했다는 것을 알 것입니다. 완성도 높은 글은 자연스럽게 흘러가니까요. 그런데 실은 혼란스러웠던 생각이 글을 쓰면서 질서정연해진 경우가 많습니다. 잘 정리된 생각은 글쓰기의 결과지, 원인이 아닙니다.

빌렘 플루서는 이런 말을 했습니다. "나는 지금 타이핑하는 동안 두 가지 일을 시도하고 있다. 즉, 나의 사고들을 정리하는 동시에 그 사고들을 다른 사람에게 전달하고 있다." 의미심장한 말입니다. 글을 쓰면 생각이 정리됩니다. 그렇지만 작가가 단지 내 생각을 잘 알기 위해서만 글을 쓰는 것은 아닙니다.

모든 글은 독자를 향합니다. 누군가에게 나의 사고를 보여 주어야 한다는 것은 정돈된 사고에 거대한 압력을 가합니다. 혼자 보고 말 거라면 아무렇게나 써도 되겠지만, 타인에게 보여 주어야 하고, 그를 설득해야 한다면 정돈된 사고를 보여 주어야 합니다.

남에게 나의 사상과 감정을 드러내는 것은 부담스러운 일입니다. 그러나 한편으로는 그 부담과 압력이 내가 무슨 생각을 하는지, 그 생각이 말이 되는지 깐깐하게 따져 보게 하고, 그 결과 정돈되어 질서정연한 사고를 제시하게 됩니다. 독자가 없으면 이런 과정은 생겨날 수가 없습니다. 독자의 존재가 정교한 사유의 계기를 마련해 주는 것입니다.

독자들이 작가들의 책상(작업대)을 구경한다면, 카오스가 그 책상을 지배한다는 것을 알 것입니다. 저만 해도 그렇습니다. 이 글을 쓰기 위해 책상 위에 관련 참고도서를 잔뜩 쌓아 놓고 있습니다. 책에는 여기저기 포스트잇이 붙어 있고, 이런저런 생각을 적은 메모장도 여기저기 흩어져 있습니다. 노트북 화면에는 자료가 들어 있는 작업 창이 여러 개 떠 있고요.

작가들은 대부분 이런 상태에서 글을 씁니다. 카오스 가운데에서 어떤 질서를 만들어 나가는 것이지요. 그것이 책상 위에서 하는 작업입니다. 그 질서에 대한 압력이 사고를 낳고요. 글쓰기는 사고를 지향합니다. 사유들을 정확한 궤도로 안내함으로써 의식을 고양시킵니다.

글쓰기는 어떻게
사고를 단련시킬까?

일본의 소설가 오에 겐자부로는 《'나의 나무' 아래서》에서 이렇게
말했습니다. "스포츠 연습으로 육체를 단련시킬 수 있듯이, 문장을
고치는 습관은 그렇게 함으로써 정신을 단련시킬 수 있습니다." 흔
히 문장 고치는 사람 하면 편집자를 떠올리지만, 문장을 가장 많이
고치는 사람은 작가입니다. 저만 해도 통상 최소 다섯 번 이상 교정
을 본 뒤 출판사나 신문·잡지사에 글을 넘기니까요.

　저도 출판사 편집장으로 일해 본 적이 있지만, 작업이 유발하는
사고의 진전 측면에서 편집자의 일은 작가의 일을 따라잡기 힘듭니
다. 글을 쓰려면 스스로 질문을 던지고 그 해답을 찾아갈 수 있어야

하는데, 그 과정에서 글의 주제를 찾는 '발견의 훈련', 그것을 자기만의 주제로 구성해 나가는 '창의력 훈련', 삶과 지식 그리고 생각을 이어 붙이는 '연결의 훈련'이 수반됩니다.

글을 쓰려면 무엇이 유용하고 가치 있는 정보인지 따져서 모으고, 그것을 면밀하게 해석하고 평가하며, 논리적으로 재배열하거나 재구성해야 합니다. 그것은 자신이 다루는 문제를 해결해 나가는 과정이면서 동시에 사고를 단련하는 과정이 됩니다. 그 과정에서 자연스럽게 종합적 사고, 분석적 사고, 논리적 사고가 발달합니다.

지성이라는 게 따로 있는 것이 아닙니다. 스스로 질문을 던지고 그 해답을 찾아가는 능력, 그것이 곧 지성입니다. 글을 쓰는 사람은 자신의 과제를 해결하기 위해 고군분투할 뿐인데, 그 과정에서 지성이 고양됩니다. 종합적 사고, 분석적 사고, 논리적 사고는 가설연역적인 연구의 가장 중요한 수단입니다. 글을 쓰다 보면 결국 독자적인 연구능력이 높아집니다.

이런 얘기를 하다 보면, 묘한 생각이 들기도 합니다. 어찌 보면 무언가를 배운다는 것은 그저 '무언가 할 기회를 갖는다'는 것에 다름아니라는 생각이 들기 때문입니다. 종합적 사고, 분석적 사고, 논리적 사고를 배우고 싶으면 이런 사고를 통해 문제를 해결할 기회를 가지면 됩니다.

'글쓰기'라는 수단은 수 세기 동안 체계화되어 왔습니다. 그것은

글을 쓰면 자신을 발견하게 됩니다

책의 역사를 공부해 보면 금방 알 수 있습니다. 먼 옛날엔 글이 띄어 쓰기도 없이 두루마리에 길게 적혀 있었습니다. 그 후 오랜 시간을 거치면서 띄어쓰기, 마침표를 비롯한 문장부호, 차례, 페이지, 참고 문헌, 찾아보기, 일러두기 등의 장치가 생겼습니다.

문장은 문단을 구성하고, 문단은 다시 서론, 본론, 결론의 구조를 갖습니다. 추가 정보는 주석으로 처리해 글의 흐름이 끊기지 않게 합니다. 이렇게 체계화된 글의 형태가 수 세기 동안 거의 변하지 않았다는 것은 그것이 바로 이상적인 툴(도구)임을 입증합니다. 체계적인 글의 형식은 체계적인 사유를 유도합니다.

글쓰기의 위력은 무엇보다 추상적 관념의 세계를 불러일으킨다는 점에 있습니다. 글을 쓰기 위해서는 추상적 어휘 사용 능력, 성찰 능력, 연역적 문제해결 능력, 비판적 사고 능력, 상상력이 필요합니다. 경험한 세계를 구체적으로 이해하는 동시에 그것을 논리화할 수 있는 사고능력도 필요하지요. 이러한 점 때문에 글을 쓰면 추상적 사고능력이 발달합니다.

세르반테스의 《돈키호테》에 보면 돈키호테가 미치광이로 나오는데, 왜 그렇게 됐는지 기억나세요? 책을 읽다가 미치광이가 됩니다. 소설에서는 기사소설을 읽다가 환상에 빠져서 미치광이가 되어 자신을 편력기사로 생각하고 길을 떠나는 것으로 나옵니다. 저는 이것을 하나의 비유로 해석할 수 있다고 봅니다.

말 그대로 진짜 미친 것이 아니라, 독서가 낳은 관념의 세계, 그로 인한 의식의 변화에 대한 비유 말입니다. 비약이라고 생각할지도 모르지만, 그렇지 않습니다. 글을 읽으면 외계의 척도가 이전과 달라지는 경험을 우리는 일상적으로 하니까요.

일본의 작가 사사키 아타루도 이와 비슷한 얘기를 합니다. 그는 《잘라라, 기도하는 그 손을》에서 "사람들이 책을 성실하게 받아들이지 않는" 이유가 "미쳐 버리기 때문"이라고 말합니다. "카프카나 휠덜린이나 아르토의 책을 읽고 그들이 생각하는 것을 '알아' 버렸다면, 우리는 아마 제정신으로 있을 수 없을 것"이라는 거지요.

그러면 생각해 봅시다. 읽기와 쓰기 중 어느 것이 더 큰 정신적 변화를 유발할까요? 당연히 '쓰기'입니다. 쓸 때의 정신적 몰입도는 읽을 때와 비교가 안 됩니다. 글을 쓸 때는 읽을 때보다 더 섬세함과 집중력, 인내력을 발휘해야만 합니다. 그에 따라 관념의 생성과 변화도 글을 쓸 때 더 커진다고 볼 수 있습니다.

글을 쓰면 처음에는 지성인이 아니었더라도, 점점 지성인이 되어 갑니다. 지성인이 되는 것을 목표로 해서가 아니라, 글쓰기가 지성을 추동하기 때문입니다. 글쓰기는 지성의 거의 모든 것입니다. 지성인이 글을 잘 쓸 수도 있고, 못 쓸 수도 있다는 생각은 잘못입니다. 글을 못 쓰는 사람은 그냥 지성인이 아닌 것입니다. 세상에는 아주 심플하게 규정되는 것이 간혹 있는데, 글쓰기와 지성인의 관계가 그렇습니다.

말하기는 어떨까요? 지성인들은 대개 말도 잘하지만, 극단적으로 말을 못하는 경우가 '있을 수는' 있습니다. 성격이 너무 소심하거나 내성적인 경우, 말을 더듬는 습관이 있는 경우, 성격 장애나 심리적 트라우마가 있는 경우가 그렇습니다. 그러나 지성인이 글을 못 쓰는 경우는 없습니다.

말보다는 글이 지성적 측면에서 압도적인 지위를 갖습니다. 말로 자기주장을 펼치는 건 그리 어렵지 않습니다. 인상, 표정, 발성, 악센트, 눈짓, 손짓, 때로는 주변의 호응 같은 '부속 장치'들이 있으니까요. 그래서 대충 얘기해도 상대방이 쉽게 알아듣는 경우가 많습니다.

그런데 글로 쓰면 다릅니다. 눈에 보이는 정황이 없으니 오로지 문자 기호로만 설명하고 설득해야 합니다. 훨씬 정교한 표현과 논리, 근거가 필요합니다. 말로 할 때는 술술 풀렸는데 글로 옮기려니 자꾸 헤매고 막히는 느낌이 드는 것은 이런 이유입니다.

말은 금방 휘발되기 때문에 상대방이 한꺼번에 많은 말을 쏟아내면 앞에 한 얘기를 따지기 어렵습니다. 그냥 넘어가는 얘기들이 많지요. 그러나 글은 어디로 가는 것이 아닙니다. 그래서 독자가 찬찬히 하나씩 따지면서 읽을 수 있습니다. 글은 그런 깐깐한 독자까지 상정하고 쓰게 됩니다. 독자가 어떤 반박을 해도 무너지지 않을 논리를 구축해야 합니다. 그렇다 보니 말과 달리 다방면으로 신중하게 논리를 따져 가면서 쓰게 됩니다.

전체적으로 말을 잘하는 것보다 글을 잘 쓰기가 훨씬 어렵습니다. 오로지 문자 기호로만 설명하고 설득해야 하는 어려움, 그것이 역설적으로 사람의 지력을 발전시킵니다.

글을 쓰다 보면
제너럴리스트가 된다

간혹 작가들의 언론 인터뷰를 보면서 '어쩌면 저렇게 많은 것을 알지?' 하는 생각이 들 때가 있습니다. 작가들의 지식은 자기 전공과 무관한 경우가 많습니다.

물론 작가 중에는 특정 분야에 대해서만 글을 쓰는 사람도 있습니다. 그러나 그런 사람도 자기 전공 지식 범주를 훨씬 넘어서는 지식을 갖춘 경우가 많습니다. 작가들이 이처럼 많은 지식을 섭렵할 수 있는 것은 글을 쓰기 때문입니다. 글을 쓰려면 광범위하게 연구하지 않을 수 없거든요.

언뜻 생각하기에는 자신이 쓰려고 하는 주제에 대해서만 알면 될 것 같지만, 그렇지 않습니다. 하나의 주제는 다른 수많은 주제와 연관되어 있기 때문입니다. 하나의 주제를 다루기 위해서는 다른 연관 주제들도 함께 공부하지 않으면 안 됩니다.

예를 들어 글에 필요한 자료 A를 읽다 보면, 파생되는 의문이 생깁니다. 그러면 그 의문을 해결해 줄 자료 B를 또 찾아보게 됩니다. B를 읽다 보면, 또 궁금한 것이 생겨 자료 C를 찾아보게 되고요. 이런 식으로 파생되는 질문에 답해 줄 자료들을 계속 찾아보는 과정에서 아주 많은 지식을 습득하는 것입니다.

궁금한 것을 그냥 덮어 둔 채 글을 쓰면 어떻게 될까요? 완성된 글은 '주제 장악력'이 떨어지고, 주제 장악력이 떨어지면 당연히 자신감도 떨어집니다. 그리고 자신감이 떨어지면, 어떤 식으로든 티가 납니다.

글을 쓸 때는 자기 확신이 있어야 합니다. '나도 잘 모르는 것을 써놓았으니, 독자들이여 내 글을 읽어 주시오'라고 할 수는 없습니다. 좋은 글을 쓰려면 '이 주제에 대해서는 이 글로 끝내 버리겠다'는 심정으로 자료를 충분히 찾아야 합니다. 이 정도면 됐다 싶은 느낌이 들 때까지 충분히 찾아야 합니다. 그 과정에서 많은 지식을 습득하게 되고, 그러다 보면 자연스럽게 제너럴리스트generalist가 됩니다.

제너럴리스트의 사전적 의미는 '다방면에 걸쳐 많이 아는 사람'입니다. 그러나 제너럴리스트를 단지 박학다식한 사람으로 이해해

글을 쓰면 자신을 발견하게 됩니다

서는 안 됩니다. 제너럴리스트는 총체적이고 포괄적인 시야에서 사물들의 '관계'와 '맥락'을 파악하는 사람입니다. 소위 '전인全人' 혹은 '르네상스적 인문주의자'와 유사합니다.

글을 쓰려면 해당 주제에 대해 깊이 알아야 합니다. 그런데 깊이 아는 것과 넓게 아는 것은 밀접한 관련이 있습니다. 깊이 알려면 넓게 알아야 합니다. 세상만물은 모두 서로 긴밀하게 연결되어 있기 때문입니다. 사물들의 관계는 총체적인 시야에서만 그 모습을 드러냅니다.

넓게 알아야 한다고 말하면 '말이 쉽지, 세상에 알아야 할 것이 얼마나 많은데, 그것을 다 알 수 있단 말인가?' 혹은 '내 전공도 아닌 문제를 어떻게 알 수 있단 말인가?' 하며 걱정할 수도 있습니다. 그러나 지레 겁먹을 필요 없습니다. 자신이 관심 있는 것에 천착해서 깊이 탐구하다 보면 그 연관 주제(분야)도 알아가게 됩니다.

'T자형 지식인'이라는 말이 있습니다. 'T자' 모양의 압정을 생각해 보세요. 압정은 납작한 머리와 그 중심의 바늘로 이루어져 있습니다. 압정의 바늘은 전공이나 관심사를 의미하고, 납작한 머리는 지적 지평을 의미합니다. 'T자형 지식인'이란 자신의 전공이나 관심사를 중심축으로 삼아, 끊임없이 자신의 지적 지평을 넓혀 나가는 사람을 말합니다. 전공과 관심사를 중심으로 하되, 거기에 갇히는 것이 아니라 그것을 기반으로 지적 지평을 확대해 나가는 사람입니다.

'T자형 지식인'이 되려고 노력하는 것이 제너럴리스트가 되는 방법입니다. 글을 쓰는 사람이 글의 주제를 중심으로 자료를 찾아서 읽고 분석해 나가는 행태가 정확히 이와 일치합니다.

제너럴리스트가 이것저것 두루 알지는 모르지만, 한 분야에 대한 깊이는 스페셜리스트 specialist(전문가)를 따를 수 없다고 생각할지도 모르겠습니다. 과연 그럴까요? 여성학자 정희진이 이런 얘기를 한 적이 있습니다. "여러 분야의 책을 읽다 보면, 한 분야만 공부한 전공자보다 더 깊게, 더 많이 알게 된다. 여러 학문을 두루 접하면 지식의 전제와 지식이 구성되는 역사적 과정을 알게 되기 때문이다."

스페셜리스트는 자신의 전공 지식이 생겨난 역사적, 사회적, 문화적 배경과 연원에 무심하기 쉽습니다. 실제로 대학에서도 이런 것은 잘 가르치지 않습니다. 각 학문에 대한 메타 인지적 접근을 필요로 하는 지식은 개별 학문에 속하는 것이 아니라, 그것을 초월하기 때문입니다.

우리가 일반적으로 말하는 '공부'란 습득을 의미합니다. 거기에는 아무런 의심, 상호작용, 갈등이 없습니다. 그런 공부는 아무리 열심히 해도 '수동적'입니다. 적극적으로 받아들인다고 해서 능동적인 공부가 되는 것이 아닙니다. 적극적으로 받아들이면 '적극적으로 수동적'인 공부가 됩니다. 습득으로서의 공부는 말하자면 '앎知 없는 지식'인 셈입니다.

사실 '앎 없는 지식'이란 말은 모순입니다. 앎이 없으면 결국 지식도 없을 것이기 때문입니다. 사실 그 지식은 '지식'이 아니라 '정보'라고 해야 옳지요. 우리는 지식이 아니라 정보가 만연한 사회에 살고 있는 셈입니다. 진정한 지식을 얻기 위해서는 제너럴리스트가 되지 않으면 안 됩니다. 그런데 거기로 향하는 주요 길목이 문필가에게 놓여 있습니다.

요즘에는 '학문의 융복합'이나 '학제 간 연구'라는 말도 크게 유행합니다. 이것도 다양한 지식이 동원되는 것이니 제너럴리스트의 공부라고 생각할 수도 있지만, 그것은 아닙니다.

학문의 융복합이나 학제 간 연구는 여전히 '습득으로서의 공부'를 전제로 한 학문들을 뒤섞거나, 다양한 전공자들이 모여서 특정 과제를 해결해 나가는 것을 말합니다. 그러므로 자신의 사회적 위치성에 대한 자각과 가치관 속에서 용의주도하게 광범위한 지식들을 종합하고 재해석하는 제너럴리스트의 공부와는 여전히 거리가 있습니다.

글쓰기는 사람을
사상가로 만든다

작가들이 이런저런 사회 문제에 대한 질문을 받을 때, 쉽게 대답할 수 있는 것은 단지 아는 것이 많아서라기보다 자기 철학이 있기 때문입니다. 철학은 말하자면 세상을 바라보는 창입니다. 철학이 있으면, 어떤 문제든 그를 통해 바라보고 판단하는 것이 가능해집니다.

'철학'이라고 하면 너무 어렵게 생각하는 경향이 있는데, 플라톤이나 아리스토텔레스, 니체나 하이데거 같은 사람만 철학을 하는 것은 아닙니다. 자신만의 사유 방식과 체계, 입장을 추구하는 사람, 자신만의 시선으로 현실을 다르게 해석할 수 있는 사람은 모두 철학을 하고 있는 것입니다.

글쓰기는 철학을 추동합니다. 글쓰기는 기본적으로 여러 전제에 대해 의심하고 질문하게 만듭니다. 또한 자신의 철학적 기준에 따라 자료들을 취합하고, 선별하고, 배치하고, 가공하게 만들며, 또한 자기 생각을 명확한 언어로 표현하고 정리하게 만듭니다.

글쓰기란 지식의 단순나열, 단순집합이 아닙니다. 글에는 사상이 담겨야 합니다. 그리고 그 사상의 정당성을 증명해야 합니다. 사상과 분리해서 단순 지식만 나열하면 읽을 만한 글이 될 수 없습니다. 자료의 재배치를 넘어 자신의 사상적 유기체를 만드는 차원으로 나아가야 합니다.

경제학자 조지프 슘페터가 하버드 대학교에서 가르치던 1970년대 초 미국 대학생들 사이에서 마르크스주의가 크게 유행했습니다. 그때 그가 "마르크스주의에 경도된 학생들이 공부를 잘하더라"라고 말한 적이 있습니다. 그는 마르크스주의자가 아닙니다. 기본적으로 자본주의에 찬성하는 사람이죠. 그런데 왜 이렇게 말했을까요?

이것은 마르크스주의자만이 공부를 잘한다기보다는, 그 철학이 무엇이건 일정한 철학적 틀을 갖춘 사람, 철학적 신념을 가진 사람이 공부를 잘한다는 말로 이해해야 합니다. 그 철학적 틀과 신념이 일정한 학문적 열정과 지향을 만들기 때문입니다. 글도 마찬가지입니다. 철학적 준거가 있어야 그것을 바탕으로 일정한 방향을 갖고 열정적으로 써나가게 됩니다.

《논어》에 '일이관지一以貫之'라는 말이 나오는데, 직역하면 '하나로서 그것을 꿴다'는 뜻입니다. '일이관지'라고 하면 낯설게 느껴지지만, 여러분은 이미 이 말을 사용하고 있습니다. '일이관지'의 줄임말이 '일관一貫'이거든요. 흔히 "그는 일관성이 있어", "태도가 일관되지 않아"라는 표현으로 쓰이지요.

'일이관지'에서 '일一'은 자기 철학을 의미합니다. '지之(그것)'는 지식, 정보, 경험을 의미하고요. 직역하면 자기 철학으로 세상의 지식과 정보, 자기 경험을 하나로 꿰는 것이 '일이관지'입니다. 글도 이렇게 써야 합니다.

처음에는 잘 안 되겠지만, 지식이 쌓이고 자기 철학이 형성되면 그것이 가능해집니다. 웬만한 문제에 대해선 자기 시선에서 말할 수 있고요. 그것이 지성인입니다. 앞서 말했지만, 지성인이란 노력해서 되는 것이 아니라, 글을 쓰다 보면 자연스럽게 되는 것입니다.

철학자 자크 데리다도 '일이관지'와 일맥상통하는 얘기를 했습니다. 데리다는 글쓰기란 "팰림프세스트palimpsest에 글을 쓰는 것"이라고 말했습니다. 팰림프세스트란 '여러 번 사용한 헌 양피지 사본'을 말합니다.

고대에 종이 역할을 했던 양피지는 말 그대로 양의 가죽으로 만든 것인데, 매우 비싸고 귀한 물건이었습니다. 그래서 사람들은 양피지를 한 번 쓰고 버리는 것이 아니라, 글을 쓰고 지우고 쓰고 지우기를 반복하면서 재활용했습니다. 양피지에 글을 쓰려면 꾹꾹 눌러서 써야 하기 때문에 이전의 글을 지워도 그 흔적이 남게 됩니다. 팰림프세스트에 글을 쓴다는 것은 '이전 글의 흔적이 남아 있는 양피지 위에 글을 쓴다'는 의미입니다.

여기서 중요한 것은 '이전의 글들을 지우고 쓰는 것'입니다. 이전의 글들에 '이어서 쓰는 것'이 아닙니다. 이전의 글들을 지우고 쓰는 것은 무슨 의미일까요? 기존 지식과 정보, 견해는 습득하지만, 글을 쓸 때는 그것을 다 잊고 내가, 내 철학적 기준에 따라 새로 쓴다는 뜻입니다. 물론 그렇게 해도 내가 받아들인 기존 지식, 정보, 견해의 흔적은 내 글의 바탕에 남아 있습니다.

쉬운 비유를 하나 더 들어 볼까요? 학교에서는 보통 4교시가 끝나면 점심시간입니다. 5교시가 체육시간이면, 아이들은 얼른 밥 먹고 체육복으로 갈아입은 뒤 운동장에 나가서 뛰어놉니다.

수업 시간이 되면 체육 선생님이 단상에 올라가 한 학생을 가리키며 "어이 학생, 기준!"이라고 말합니다. 그러면 그 학생은 한 손을 들고 "기준!"을 외칩니다. 선생님이 "전체 4열 횡대로 헤쳐모여!" 하고 외치면 운동장에 무질서하게 흩어져 있던 학생들이 순식간에 질서 있게 정렬합니다.

누구나 학교 다닐 때 흔히 경험한 풍경이죠. 글쓰기에서는 체육 선생님이 필자입니다. 그리고 기준이 되는 학생은 필자의 철학입니다. 나머지 학생들은 기존 지식과 정보, 경험을 의미합니다. 필자가 자기 철학을 중심으로 기존 지식과 정보, 경험을 이용해 새로운 질서를 만드는 것, 그것이 글쓰기입니다.

이런 글쓰기를 반복하다 보면, 자기 사상이 점점 정교해집니다. 자기 철학을 동원해서 글을 쓰다 보니 자기 철학이 더욱 정교해지는 것이지요. 작가가 궁극적으로 도달하는 지점은 사상가입니다.

글을 쓰면 자신을 발견하게 됩니다

글을 쓰면
지적, 정신적 자유를
얻는다

프레더릭 더글러스Frederick Douglass(1817~1895)는 우리나라에 별로 알려지지 않았지만, 미국인들은 상식적으로 알고 있는 사람입니다. 그는 19세기 노예제 폐지 운동의 주역이었습니다. 우리는 흑인 지도자 하면 마틴 루서 킹이나 맬컴 X를 가장 먼저 떠올리는데, 연대기 상으로 프레더릭 더글러스가 훨씬 선배입니다. 그는 킹과 X의 롤모델이었습니다.

더글러스는 미국 정부 고위직에 임명된 최초의 흑인입니다. 링컨 대통령의 자문위원이었고, 나중에는 컬럼비아특별구 연방재판소 집행관, 공훈기록관, 아이티 주재 미국 공사 겸 총영사를 지내기도 했습니다. 또한 남북 전쟁 때는 흑인들도 북군의 승리에 기여해야 떳떳하게 해방될 수 있다는 생각에, 흑인들로만 구성된 '매사추세츠 제54보병연대'를 창설했습니다.

그는 당대 가장 위대한 연설가였습니다. 노예제 폐지를 주장하는 그의 연설을 들은 백인들은 흑인이, 그것도 노예 출신이 저렇게 똑똑할 리 없다고 의심했습니다. 그는 그런 세간의 의심을 불식시키고, 노예제 폐지의 정당성을 주장하기 위해 자서전을 펴냈습니다. 1845년, 흑인이 쓴 책이 거의 없던 시절에 나온 그의 자서전《미국 노예 프레더릭 더글러스의 삶에 관한 이야기》가 미국 사회에 던진 충격은 비슷한 시기에 나온 해리엇 비처 스토의《톰 아저씨의 오두막》이나 카를 마르크스와 프리드리히 엥겔스의《공산당 선언》에 버금갈 정도였습니다.

더글러스는 어릴 때 볼티모어에서 일하던 노예였습니다. 그의 안주인 소피아 올드는 따뜻한 사람이었습니다. 어느 날 더글러스는 소피아에게 글을 가르쳐 달라고 부탁했습니다. 법으로 금지된 일이었지만 소피아는 더글러스에게 알파벳을 가르치기 시작했습니다. 그러나 얼마 못 가 남편 휴 올드가 그것을 금지했습니다.

"배움은 세계에서 제일가는 흑인 노예도 망쳐 놓을 거야. 당신이 저 흑인 노예에게 글 읽는 법을 가르친다면 더 이상 놈을 잡아 둘 수 없어. 영원히 노예로서는 불합격이라고." 주인이 안주인에게 하는

글을 쓰면 자신을 발견하게 됩니다

말을 엿들은 더글러스는 글자가 지닌 자유의 힘을 절실히 깨달았다고 합니다.

더글러스는 그때의 깨달음을 자서전에서 이렇게 썼습니다. "나는 원대한 희망과 확고한 목적을 갖고 어떤 고난과 대가를 치르더라도 글 읽는 법을 배우겠다고 결심했다." 소피아에게서 글을 배울 수 없게 된 더글러스는 백인 아이들에게 글 동냥을 해가며 3년 만에 글을 깨쳤습니다. 인쇄된 것을 닥치는 대로 읽고, 다른 흑인들에게도 글을 가르쳤습니다.

글을 읽을 줄 아는 흑인은 더 이상 노예일 수 없다는 휴 올드의 예언은 맞았습니다. 1831년, 신문을 읽다가 노예제 폐지 운동에 대해 알게 된 더글러스는 자유 주州인 뉴욕으로 도망쳤습니다. 그리고 1841년 뉴베드퍼드에서 개최된 노예제 폐지 모임에서 연설한 것을 시작으로 노예해방 운동가로 변신했습니다. 그는 "지식은 예속에서 자유로 가는 길"이라는 말을 남겼습니다.

지금은 글을 모르는 사람이 거의 없습니다. 그런 까닭에 더글러스의 일화를 옛이야기로 치부할 수도 있습니다. 그러나 이 이야기는 '읽기'뿐 아니라 '쓰기'에도 적용될 수 있습니다. 더글러스가 말한 '글자가 지닌 자유의 힘'에는 쓰기도 포함될 수 있으니까요.

앞서 말했듯이 더글러스는 당대 최고의 연설가이자 웅변가였습니다. 그가 연설에서 사자후를 토할 때면 군왕과 같은 위엄이 있었다고 합니다. 그는 어떻게 이런 웅변가가 되었을까요? 그는 젊은 시절에 꾸준히 연설 연습을 했다고 전해집니다. 그러나 그것만으로 웅변가가 되었다고 할 수는 없습니다. 그의 말 실력은 글 실력에서 나온 것입니다. 말을 잘하려면 끊임없이 적어야 합니다. 메모도 해야 하고, 글도 써야 합니다. 더글러스는 책을 썼을 뿐 아니라, 〈노스 스타 North Star〉라는 노예제 철폐 운동 신문도 발행했습니다.

글을 읽는다는 것은 이중적인 의미를 지닙니다. 글을 읽는다는 것은 남의 생각을 주입받는 과정일 수도 있으나 남의 생각을 참고해서 내 생각을 생산해 내는 과정이 될 수도 있습니다. 글쓰기를 병행하는 독서가 그렇습니다. 모든 독서는 이 둘 사이에 존재합니다.

일반적으로 사람들은 무언가를 배우기 위해 책을 읽지만, 일방적으로 저자의 생각을 받아들이기만 하는 것은 아닙니다. 개인에 따라 정도의 차이는 있겠지만, 독자들은 읽으면서 이런저런 생각을 합니다. 그러나 떠오른 생각을 적어 놓지 않으면, 자기 생각을 발전시키기 힘듭니다.

남의 생각을 일방적으로 주입받기만 하는 독서는 위험합니다. 그것은 '세뇌'에 다름 아니기 때문이죠. 그러나 글쓰기를 병행하는 독서 또한 다른 의미에서는 위험합니다. 그것은 사람을 독립적으로 사고하게 만듭니다. 독서는 자칫 세뇌를 유발할 수 있지만, 글쓰기는 그럴 수가 없습니다. 글쓰기는 주체의 독립적인 사고와 적극적인

글을 쓰면 자신을 발견하게 됩니다

참여를 요구하기 때문입니다.

흑인 노예가 당연시되던 시절, 더글러스의 생각은 불온한 것으로 취급받았습니다. 그 불온함은 읽기와 쓰기에서 비롯되었습니다. 읽을 줄 알 뿐만 아니라 쓸 줄도 아는 사람은 더 이상 노예가 아닙니다. 노예일 수가 없습니다. 더글러스는 노예제가 폐지되기 전에 이미 스스로 노예해방을 이룬 셈입니다.

글쓰기는 독립적으로 사고할 줄 알게 만들어, 자존감을 높입니다. 또한 정치적 삶을 살게 만듭니다. '정치적 삶'이란 세상의 모든 일이 정치로 귀결된다는 것을 알고, 상대방의 정치적 의도를 간파하며, 민주 시민으로서 정치에 용의주도하게 참여하는 것인데, 이 역시 글쓰기가 추동합니다. 그것은 기존 질서를 위협하는 것으로 여겨질 수도 있습니다. 글쓰기를 병행하는 독서가 또 다른 의미에서 위험하다고 한 것은 이런 이유에서입니다.

더글러스는 '셀프메이드 맨self-made man'의 전형으로 여겨집니다. 셀프메이드 맨은 흔히 '자수성가한 사람'이라고 번역되지만, 말 그대로 '스스로 자신을 만든 사람'입니다. 쓰기는 읽기보다 한 단계 더 나아간 것입니다. 스스로 자신을 만들어 나가는 데 글쓰기의 힘은 강력합니다.

사회적으로도 글쓰기의 위력은 큽니다. 지금은 글 쓰는 사람이 소수이고, 다수의 대중은 그들의 글을 읽는 것에 그칩니다. 그러나 만약 대다수 시민이 자기주장을 논리정연하게 글로 풀어낼 수 있다면 세상은 지금과 많이 다르지 않을까요? 창의성과 주체적인 삶이 꽃피는 세상이 되지 않을까요?

살다 보면, 자신의 의지와 상관없이 어디론가 끌려가는 듯한 느낌을 받을 때가 많습니다. 그러나 주체적인 삶은 내가 내 의지에 따라 삶을 리드하는 것입니다. 글쓰기는 인간과 사회에 대한 성찰을 하게 하는 것은 물론 이를 바탕으로 용의주도한 판단을 하도록 이끕니다. 그를 통해 주체적인 삶을 추동합니다.

민주주의는 어떨까요? 만약 누군가에게 지적으로 의존하는 것이 아니라, 독립적이고 자율적으로 생각하고 글을 쓰는 시민들에 의해 추동되는 민주주의라면, 이전과 다른 차원일 거라고 예상할 수 있지 않을까요?

글을 쓰면 자신을 발견하게 됩니다

글을 쓰면
예술을 깊이
이해하게 된다

캐나다의 평론가 노드롭 프라이는 《비평의 해부》에서 이렇게 말했습니다. "모든 예술은 벙어리다. 그림이나 조각, 음악의 경우 그 예술들을 모두 보여 주긴 하지만 말은 할 수 없다." 언뜻 들으면 당혹스러운 말입니다. 왜냐하면 우리는 예술가들이란 어떤 얘기를 하기 위해서 작품을 만든다고 알고 있기 때문입니다.

예술가들이 어떤 얘기를 하기 위해 작품을 창작하는 것은 맞지만, 자신의 사상과 감정을 직접적으로 말하는 것은 아닙니다. 예술가는 '형상화'를 통해 간접적으로 말합니다. '형상화'란 말 그대로 형상을 만드는 것입니다. 화가가 그림을 그리고, 조각가가 조각을 하고, 음악가가 음악을 만들고, 소설가가 소설을 쓰고, 영화감독이 영화를 만드는 것은 모두 형상을 만드는 작업입니다.

형상은 말을 하지 않습니다. 창작자의 메시지는 감상자가 유추하는 수밖에 없습니다. 예술은 기본적으로 감상자의 몫이 큰 장르입니다. 여기서 감상자의 지적 수준이 중요해집니다. 지적 수준이 높으면 그 메시지를 유추하기 쉽지만, 그렇지 않으면 예술작품을 보거나 듣고도 무슨 의미인지 도통 모를 수 있습니다.

그렇다고 해서 예술 감상이 창작자의 의중만을 알아맞히는 '수수께끼 놀이'인 것은 아닙니다. 창작자가 일정한 의도를 갖고 작품을 만들긴 하지만, 자신이 생각지 못한 다의적인 메시지도 얼마든지 파생될 수 있습니다.

예술가도 나름 지성인이기 때문에 자기 작품에 어떤 의미를 담을지 다각적으로 예상하고 고려합니다. 그럼에도 불구하고 작품이 자신의 의도를 벗어날 때가 있습니다. 그것 역시 형상화 작업의 묘미입니다. 형상은 직접적으로 무슨 말을 하진 않지만 창작자의 의도를 초월한 메시지를 전달할 가능성을 지닙니다.

창작자의 의도를 유추하는 것이든, 그것을 초월한 메시지를 읽어 내는 것이든, 감상자의 지력이 작품 독해에 결정적인 영향을 미친다는 것은 변함없는 사실입니다. 지력이 떨어지면, 예술작품을 감상하더라도 '인상비평'에 그칠 수밖에 없습니다. 어떤 작품이 '예쁜

글을 쓰면 자신을 발견하게 됩니다

것 같다'거나 '뭔가 독특한 느낌을 준다'는 식의 막연한 생각밖에 할 수 없지요.

앞에서 '언어는 사유의 도구'라고 말했습니다. 글을 쓰는 사람은 언어를 다룹니다. 예술가도 언어로 사고하고 작품을 만듭니다. 이로써 글을 쓰는 사람이 다른 예술을 이해하는 데 남보다 유리한 점이 설명됩니다. 글을 쓰기 때문에 창작자가 어떤 언어로 사고해서 작품을 만들었는지 유추하기가 더 쉽습니다.

한 가지 예를 들어 보지요. 영화 〈부산행〉에 보면, 열차 안에서 좀비들이 무섭게 몰려오는 장면이 파도처럼 묘사되었습니다. 파도가 기세등등하게 몰려오다 조금 수그러지면 그것을 짓누르고 또 다른 파도가 몰려오고, 그 파도를 짓누르고 또 다음 파도가 몰려오는 식입니다.

저는 좀비들이 파도처럼 밀려오는 장면을 보면서 속으로 탄성을 질렀습니다. 지그문트 바우만의 '액체 근대' 개념이 떠올랐기 때문입니다. 그리고 연상호 감독이 분명 이 개념을 알고 형상화했을 거라고 추측했습니다. 그는 사회 문제에 관심이 많으며, 전작들 역시 그런 성향을 잘 보여 주었기 때문입니다.

물론 감독이 '액체 근대' 개념을 몰랐고, 그저 '파도처럼 좀비들이 몰려오는 장면을 구현하면 훨씬 무섭게 보이지 않을까?' 하는 단순한 생각에서 그렇게 연출했을 수도 있습니다. 그렇다고 하더라도 저의 독해를 비약이라고 할 수는 없습니다.

이외에도 〈부산행〉에는 많은 상징과 비유가 있습니다. 이 영화는 무한경쟁, 승자독식의 신자유주의 사회를 풍자하는데, 거기서 좀비들은 신자유주의적 질서에 적응하느라 비인간화되어 버린 우리 자신을 상징합니다. 각 장면이 만들어 내는 의미 역시 그런 맥락에서 해석되어야 합니다.

이런 식으로 어떤 작품을 보면, 특정 철학(사상)이 떠오르거나 구체적인 책이 떠오르는 경우가 있습니다. 물론 그런 추측이 100퍼센트 맞지 않을 수도 있습니다. 그러나 글을 쓰는 사람이 다른 사람보다 창작자의 의도를 간파하거나 작품에 대한 독해를 날카롭게 할 가능성이 높은 것은 사실입니다.

흔히 화가나 음악가 같은 비언어 예술가들은 언어 예술을 하는 사람들과 달리 글을 읽지 않아도 되는 것 아니냐고 생각하는 사람들이 있습니다. 그렇지 않습니다. 글 쓰는 사람들이 예술작품을 보며 영감을 얻듯이, 비언어 예술가들도 책에서 많은 영감을 얻습니다.

성공적인 스토리텔러(소설가, 희곡 작가, 시나리오 작가, 드라마 작가)들도 마찬가지입니다. 스토리텔러들의 서재에는 흔히 생각하듯 소설이나 시집, 문학평론집만 있는 것이 아니라 인문사회과학 서적도 많습니다. 영감을 얻는 데는 오히려 인문사회과학 분야 책이 더 중요할 수도 있습니다.

글을 쓰면 자신을 발견하게 됩니다

인문사회과학에서는 인간과 세계에 대한 깊은 이해와 이를 향한 다양한 메시지가 명징한 언어로 표현되어 있습니다. 그것을 잘 소화해서 '형상화'하는 작업만 해도 스토리 작가들은 쓸 것이 넘쳐납니다. 문학과 예술은 서로 되먹입니다. 모든 예술의 근본에 글과 책이 있는 것입니다.

글을 쓰는 사람은 작업의 특성 때문에 필연적으로 광범위한 지식 풀pool을 갖추고, 문학과 예술의 관계를 잘 이해합니다. 예술작품도 글쓰기와 똑같이 결국 인간과 세계를 다룹니다. 인간과 세계에 대한 명징한 사유와 표현은 누구보다 글쟁이의 속성입니다. 글 쓰는 사람이 남다른 예술 향유 능력을 지니는 것은 자연스러운 일입니다.

글을 쓰면
사람다운 사람이 된다

누군가 제게 "당신은 누구입니까?" 하고 묻는다면 어떻게 대답할까 생각해 본 적이 있습니다. "저는 글쟁이입니다"라고 대답할 수밖에 없을 것 같습니다. 글 쓰는 사람이라는 것이 저의 정체성이 되어 버렸으니까요.

구체적으로 말하면, 누군가 제게 "당신이 50대가 아니라면, 당신이 아닙니까?" 하고 묻는다면 저는 "그래도 나일 수 있다"고 대답할 것 같습니다. "당신이 남자가 아니라 여자라면, 당신이 아닙니까?" 하고 묻는다면 "그래도 나일 수 있다"고 대답할 것 같습니다. "당신의 이름이 지금과 다르다면, 당신이 아닙니까?" 하고 묻는다면 "그래도 나일 수 있다"고 대답할 것 같습니다. 그러나 "당신이 글쟁이가 아니라면, 당신이 아닙니까?" 하고 묻는다면, "그래도 나"라고 대답하지 못할 것 같습니다. 글쟁이로서의 속성을 빼면 나를 심각하게 훼손한다는 느낌이 들기 때문입니다.

저는 20년 차 전업 작가입니다. 그렇더라도 20년 남짓 형성된 작가적 특성보다는 훨씬 오래전에 관계 맺은 고향, 학벌, 성별, 계급 등이 정체성에 더 부합한다고 생각할 수도 있습니다. 글쟁이라는 개성은 제가 만들어 온 것인 반면 고향, 학벌, 성별, 계급 등은 내게 주어진 조건입니다. 전자는 후천적이고, 후자는 선천적입니다. 전자는 제 의지가 관철되어 있지만, 후자는 제 의지와 무관합니다. 제게 후자는 전자와 병렬될 무엇이 아니라, 전자에 수렴되어야 할 특성들로 여겨집니다.

저는 왜 글쟁이로서의 나를 소중히 여길까요? 남들에게 대접받아서? 사실 어디 가서 '작가'라고 하면 선생님, 선생님 하며 불러 주고, 약간 대접해 주며, 간혹 존경 어린 시선을 건네기도 합니다. 그러나 그런 사회적 대접이 그리 대단한 것은 아닙니다.

주지하다시피, 전업 작가는 벌이가 시원찮은 직종에 속합니다. 사람들은 '작가'라고 하면 "정말, 대단하세요!"라며 감탄사를 내뱉기도 하지만, 그 말속에는 '돈도 안 되는 일을 그렇게 열심히 하시다니 정말 대단하세요!'라는 의미가 내포된 경우도 있다는 걸 저는 알고 있습니다.

자신을 글 쓰는 사람으로 규정하고 싶어 하는 사람은 저만이 아닌 것 같습니다. 프랑스의 소설가 귀스타브 플로베르 역시 스스로 '문인인 사람homme-plume'이라고 칭했는데, 자신의 전 생애가 글쓰기에 의해 인도받았다는 점을 말하기 위해서였다고 합니다.

저도 그렇습니다. 운 좋게 글쓰기에 의해 인도받아 왔다고 생각합니다. 천둥벌거숭이로 태어나 이만큼이나마 철들고 사람다워진 것은 글쓰기의 힘 덕분입니다. 저 자신을 돌아보는 능력이 생기고, 타인에 대한 이해가 깊어지고, 세계에 대해 나름의 관점으로 독해하고 판단할 수 있게 된 것은 오로지 글쓰기 때문입니다.

황지우 시인은 "시인은 직업이 아니라 상태다"라고 말한 바 있습니다.

저는 '시인'을 '글쟁이'로 확대해도 좋다고 봅니다. "글쟁이는 직업이 아니라 상태다"라는 말은 글을 쓰지 않거나, 글을 쓰는 데 필요한 사유를 멈춘다면 글쟁이가 아니라는 의미이기도 합니다. 그러나 글을 쓰고, 글을 쓰는 데 필요한 독서와 사유를 게을리하지 않는다면 그는 글쟁이입니다.

글쓰기로 인한 변화는 내적 변화입니다. 그 변화는 도서관이나 서점을 들락날락하는 모습으로 나타날 수도 있고, 뭔가 생각하느라 멍한 모습으로 나타날 수도 있습니다. 그러나 내적 변화란 기본적으

글을 쓰면 자신을 발견하게 됩니다

로 자기 내부에서 일어나기 때문에 자기 외에는 알아채기 힘든, 비가시적 변화입니다. 더구나 그 변화는 효과가 천천히, 늦게 나타납니다.

내적 변화는 가족이나 친한 친구라고 해서 알아볼 수 있는 것이 아닙니다.

제 경우도 세밀한 내적 변화는 가족이나 친구보다 오히려 독자가 더 잘 알아주는 것 아닌가 하는 생각을 자주 합니다. 내 글을 읽는 독자는 내 생각의 변화, 입장의 변화를 섬세하게 알아챌 것이기 때문입니다. 아무리 가족이나 친한 친구라 해도 만난 자리에서 책에 쓴 내용을 미주알고주알 말하기는 힘듭니다. 말해 봤자 들어 주지도 않고요.

프랑스의 철학자 에마뉘엘 레비나스는 이렇게 말했습니다. "책은 '인간의 존재 방식'이다. 그러나 오늘날에는 책이 정보 제공이나 도구 사용의 매뉴얼로 이해되어 '인간됨'과 관련해서 '존재론적' 의미가 지나치게 과소평가되고 있다. 인간 존재는 '책으로 향한 존재 zum-Buch-sein'다. 책은 진정으로 인간적인 삶을 살게 해준다."

저는 이 말에 글쓰기를 포함시켜야 한다고 생각합니다. 동물은 책을 읽고 글을 쓰지 않습니다. 인간만이 책을 읽고 글을 씁니다. 읽기와 쓰기는 가장 인간적인 행위 중 하나입니다. 따라서 그것은 인간이 존엄한 존재라는 것을 실감하게 해줍니다.

앞서 말했듯이 글쓰기는 여러 효용이 있습니다. 그러나 글쓰기의 가장 큰 가치는 사람다운 사람으로 만들어 준다는 점, 인간적인 삶을 추동한다는 점에 있습니다. 글쓰기는 '고도의 지성과 풍부한 내면성을 갖춘 인간'이라는 이상적 인간상을 추구하게 합니다.

글을 쓰면 자신을 발견하게 됩니다

"

글 쓰는 자의 사회적 책임

이제까지 제가 아는 글쓰기의 효용과 가치에 대해 모두 말했습니다. 그러고 나니, 제가 글쓰기에 대해 너무 이상적인 얘기만 한 것 아닌가 싶어 걱정이 됩니다.

글쓰기에는 이제까지 제가 말한 측면들이 분명히 있습니다. 그렇지만 글 쓰는 일에 환상을 가질 필요는 없습니다. 환상을 가질수록 글을 쓰기가 더 어려워지니까요. 글을 쓰려면, 오히려 글쓰기에 대한 환상을 깨야 합니다.

작가에 대한 환상도 마찬가지입니다. 작가마다 글 쓰는 목적이 제각각일 뿐만 아니라, 그 목적이 모두 고상하고 고매한 것도 아니니까요.

저속하고 삿된 목적으로 글을 쓰는 경우도 얼마든지 있을 수 있습니다. 알량한 글쓰기 기술을 이용해 자신의 저속하고 삿된 욕망을 은폐하거나, 미화하거나, 합리화하는 경우도 있고, 그 기술을 권력

부역에 쓰기도 합니다.

친일 경력이 있는 작가들이나 최근 성폭력 혐의에 휩싸인 작가들에게서 보듯, 글 쓰는 테크닉과 위대한 정신은 합치되지 않고 얼마든지 어긋날 수 있습니다.

어찌 보면 글쓰기 테크닉을 익히는 것보다 올바른 자세로 글을 쓰는 것이 더 힘든 일일지도 모릅니다.

언어를 다루는 능력은 양날의 칼입니다. 그 능력을 좋게 쓰면 자신과 사회를 개선시키지만, 나쁘게 쓰면 웬만한 범죄보다도 훨씬 더한 악을 행할 수 있습니다. "펜은 칼보다 강하다"는 말은 이런 차원에서 이해되어야 합니다. 펜은 선용될 때도 위력을 발휘하지만, 악용될 때도 강력한 힘을 발휘합니다.

글쟁이가 언어와 지식을 다룬다는 것은 타인의 생각을 자신이 원하는 방향으로 유도하거나 조작할 가능성이 있음을 의미합니다.

그것은 무서운 일입니다. 글은 독자를 각성시킬 수도 있지만, 독자의 정신을 마비시킬 수도 있습니다. 그러므로 글을 쓸 때는 신중해야 합니다.

'글 쓰다'의 독일어는 schreiben입니다. schreiben은 라틴어 scribere에서 유래했는데, '~에 틈(금)을 내다'라는 의미입니다. 그리스어에서도 비슷한 의미를 발견할 수 있습니다. 그리스어로 '글 쓰다'는 graphein인데, 거기에는 '새기다'라는 의미도 포함되어 있습니다. 글쓰기란 본래 쐐기처럼 뾰족한 연장으로 무언가를 새겨 넣는 것을 의미합니다.

우리가 쓴 글이 인쇄되는 것도 종이에 글을 새겨 넣는 것입니다. 인쇄된 것은 함부로 바꿀 수 없습니다. 일사부재리이고, 번복 불가능입니다. 물론 책을 낸 뒤에도 고칠 수 있긴 하지만, 대개는 오탈자를 수정하는 정도입니다. 그리고 그렇게 인쇄된 글은 누군가 '읽고 맙니다'. 이런 점들 때문에, 글에 태산 같은 무게와 위엄이 실리는 것입니다.

그럼에도 불구하고 글쓰기는 즐겁습니다. 독일의 소설가 토마스 만은 《토니오 크뢰거》에서 이렇게 말했습니다. "만일 인간에게 인식만 있고 표현이 주는 기쁨이 없다면 우리는 영원히 우울할 것이다." 글쓰기에는 '표현이 주는 기쁨'이 있습니다. 글을 쓰다가 자신의 생각에 딱 맞는 언어를 발견했을 때의 기쁨은 말로 표현할 수 없을 정도입니다.

독자가 생기는 것도 즐거운 일입니다. 요즘은 대통령이 연설해도 사람들이 잘 들어 주지 않습니다. 그런 일에 몇 분을 할애하는 것도 아까워하는 경우가 많습니다. 그러나 독자가 한 권의 책을 읽기로 하면, 며칠 혹은 몇 주를 할애해 내 얘기를 들어 줍니다. 이런 호사를 누리는 것은 작가밖에 없습니다.

프랑스의 시인 알프레드 빅토르 드 비니는 "어느 날 어느 해변에서 자기를 알아보는 손이 기다리고 있으리라는 끈질긴 희망이 없다면 과연 바다에 시를 넣은 병을 던질 수 있겠느냐"고 노래했습니다. 설사 많지 않은 독자라 할지라도, 그 메시지를 알아보는 사람이 있다는 것은 행복한 일입니다. 많은 분이 그 행복을 맛보길 바랍니다.

글을 쓰고 싶지만, 어떻게 해야 할지 모르는 독자들을 위해 글 쓰는 방법을 간략하게 공개합니다. 따라 해보면, '이렇게 하니, 글이 좀 더 잘 써지는구나' 하는 느낌을 받을 겁니다. 이 방법은 칼럼, 에세이, 서평, 영화평, 논문, 리포트, 논술 등에 적용할 수 있습니다.

1. 글의 주제를 정합니다.

글을 쓰려면 우선 '무엇에 대해 이런 말을 하고 싶다'는 것이 있어야 합니다. 이것이 주제입니다. 주제는 글의 소재와 메시지를 함께 요약한 것입니다.

주제는 평소에 하고 싶었던 말 중에서 하나를 고르면 됩니다. 고를 수 있는 주제는 다양합니다. 사회 문제, 자기 경험에 관계된 것, 신문이나 인터넷을 보고 느낀 것, 영화나 책에 대한 것 등이 모두 주제가 될 수 있습니다.

참고로, 주제는 좁을수록 좋습니다. 예를 들어 '나는 한국 사회의 문제는 ○○이라고 생각한다'와 같은 주제는 안 됩니다. '한국 사회'라는 범주가 너무 넓습니다. 이렇게 범주가 넓으면 글의 내용도 추상적일 수밖에 없습니다. '한국 사회 문제'보다는 '청년 문제'를, 그냥 '청년 문제'보다는 '지방 청년의 취업 문제'를 주제로 하면 더 구체적이고 실감 나는 글이 될 가능성이 높습니다.

2. 자료를 모읍니다.

주제가 정해졌으면, 그와 관련된 자료를 찾습니다. 시간이 넉넉하면 책을 찾아서 읽은 뒤 정리하고, 시간이 없으면 인터넷에서 참고가 될 만한 글을 찾아서 모읍니다.

책이든 인터넷 자료든 찾으려면, 어떤 키워드로 찾을지 궁리해야 합니다. 키워드는 쉽게 말해 연관어입니다. '주제와 연관된 단어들' 중에서 키워드를 고르면 됩니다.

키워드들이 생각났으면, 그것을 검색 사이트나 포털 사이트 혹은 도서관 사이트나 서점 사이트에 입력해서 자료를 찾습니다. 자료를 꼼꼼히 읽어 보고, 인용하거나 참고가 될 만한 대목만 '출처와 함께' 컴퓨터에 정리합니다. 출처란 '누가, 언제, 어떤 지면에, 무슨 제목으로 썼는가'를 말합니다. 출처가 있어야 인용이 가능하니, 반드시 출처를 함께 정리해 둬야 합니다.

자료를 읽고 정리하다 보면, 애초에 정한 주제가 다소 변하는 경우도 있습니다. 그것은 대개 좋은 징조입니다. 자료 조사를 하다가 몰랐던 것을 알게 되면서 주제가 심화된 경우라고 할 수 있거든요.

3. 자료를 세부 내용에 따라 분류합니다.

자료를 그대로 두면 쓸 수 없습니다. 세부 내용에 따라 분류해 놔야 효과적으로 쓸 수 있습니다. '세부 내용'이라는 표현이 모호하게 들릴 수도 있는데요, 모은 자료들을 '구체적으로 무엇에 대한 것'인지 파악한 뒤, 같은 내용끼리 '헤쳐 모여'시키는 것입니다.

자료를 큰 덩어리로 분류하면 별로 도움이 되지 않습니다. 잘게, 세세하게 분류할수록 쓰기가 편합니다. 크게 분류하면 머릿속에서 해야 할 말들이 서로 엉키지만, 세세하게 분류하면 해야 할 말들도 정리가 잘 됩니다.

자료 분류 과정이 중요한 이유는, 분류 과정에서 글의 얼개가 짜이는 경우가 많기 때문입니다. '이런 식으로 시작해서 이렇게 마무리하면 되겠구나' 하는 식으로 생각이 정리됩니다.

4. 분류된 자료를 바탕으로 글을 쓰면 됩니다.

자료 분류가 끝나면, 이제 그것을 바탕으로 글을 쓰면 됩니다. 하지만 분류된 자료를 전부 사용하는 것은 아닙니다. 글을 쓰다 보면 사용하지 않는 자료가 다소 생길 수 있습니다. 논리적 흐름에 맞게 글을 쓰다 보면 그 흐름에 어울리지 않는 자료가 나올 수밖에 없습니다.

자료를 갖고 쓰는 것과 자료 없이 쓰는 것은 큰 차이가 납니다. 자료를 갖고 쓰면 '내 생각'이 많이 생기지만, 그렇지 않으면 생각이 잘 안 납니다. 그러니 애써 자료를 모았는데, 써먹지 못한다고 해서 아쉬워할 필요는 없습니다. 한번 정리된 자료는 어디로 가는 게 아니니, 간직해 두었다가 다른 글을 쓸 때 사용하면 됩니다.

5. 글을 압축합니다.

글을 다 썼으면, 글을 압축한다는 느낌으로 분량을 줄여야 합니다. 최소 10~20퍼센트는 줄인다고 생각하면 되겠습니다.

분량을 줄이면, 문장이 좋아집니다. 보통 중복되는 이야기 혹은 안 해도 되는 이야기를 대폭 줄이거나 없애게 됩니다. 그리고 빼도 상관없는 부사, 접속사, 관형사, 지시어도 자꾸 빼게 됩니다. '빼도 상관없다'는 것은 실은 '불필요한 문장이나 단어들'이었다는 말입니다. 이렇게 불필요한 문장이나 단어를 뺄수록 글이 좋아집니다.

글을 압축하면 글의 밀도가 높아집니다. 늘어지는 대목이 없어지면 읽는 맛도 나고, 가독성도 높아집니다. 잊지 마세요. 좋은 문장의 원리는 다이어트와 경제성입니다.

6. 문단 나누기를 확인합니다.

글을 쓰다 보면 자연히 글에 흐름이 생깁니다. 그 흐름이 바뀔 때 문단을 나눕니다. 그 '흐름'이란 논리적 전개이기도 하고, 글의 분위기이기도 하고, 글의 호흡이기도 합니다. 이런 것에 변화가 생길 때마다 문단을 나눕니다.

문단 나누기는 의외로 중요합니다. 글은 결국 문단이라는 덩어리들의 합이거든요. 문단을 잘 나눠 놓아야 잘 쓴 글처럼 보입니다.

7. 제목을 답니다.

독자들은 우선 제목을 보고, 읽을지 말지 결정합니다. 그러므로 '글만 좋으면 되지, 제목이 무슨 상관이야?'라는 생각을 하면 안 됩니다. 제목은 전체 내용만큼이나 중요한 역할을 하기 때문에 신중하게 정해야 합니다. '○○에 대하여'와 같은 성의 없는 제목은 피하는 것이 좋습니다.

제목은 글의 내용을 짐작하게 하면서도 독자의 흥미를 끌게 하는 것이 좋습니다. 제목은 흥미로운데 글의 내용과 맞지 않는다거나, 너무 빤한 얘기를 한다 싶은 제목은 피하는 것이 좋습니다.

전자는 '속았다'는 느낌을 주고, 후자는 읽고 싶은 마음이 들지 않게 할 테니까요.

이 정도만 신경 써도 예전보다 훨씬 좋아졌다는 느낌이 들 것입니다. 글도 쓰는 재미를 느껴야 자꾸 쓰게 됩니다. 그 재미란 글쓰기를 통해 '내가 진일보하고 있다', '내가 성장하고 있다'는 강력한 느낌입니다. 여러분의 건필을 빕니다.

| 참고문헌 |

1장. 개인적 존재에서 사회적 존재로!

《'장미의 이름' 창작 노트》, 움베르토 에코 지음, 이윤기 옮김, 열린책들, 2002.

《고독육강》, 쟝쉰 지음, 김윤진 옮김 이야기가있는집, 2015.

《소설가의 각오》, 마루야마 겐지 지음, 김난주 옮김, 문학동네, 1999.

《무지한 스승》, 자크 랑시에르 지음, 양창렬 옮김, 궁리, 2016.

「강준만의 책공장을 가다」, 정희진, 〈한겨레〉, 2014년 12월 12일.

《표현의 기술》, 유시민 지음, 생각의길, 2016.

《탈구조주의의 이해》, 김성곤 지음, 민음사, 1988.

《세 개의 동그라미》, 김우창·문광훈 지음, 한길사, 2008.

《하이퍼그라피아》, 앨리스 플래허티 지음, 박영원 옮김, 휘슬러, 2006.

「18년간 삶 옥죈 보안관찰법에 맞서는 #내가 강용주다!」, 이진순, 〈한겨레〉, 2017년 5월 12일.

《포스트모더니즘 시론》, 이승훈 지음, 세계사, 1991.

2장. 읽기는 어떻게 쓰기가 될까?

《책은 죽었다》, 셔먼 영 지음, 이정아 옮김, 눈과마음, 2008.

《희망의 교육학》, 파울로 프레이리 지음, 교육문화연구회 옮김, 아침이슬, 2002.

3장. 글쓰기의 안과 밖

《걷기 예찬》, 다비드 르 브르통 지음, 김화영 옮김, 현대문학, 2002.

《김수영 전집2》, 김수영 지음, 민음사, 1981.

「인문학, 열풍에서 개념으로」, 정희진, 《나·들》, 2014년 5월 8일.

《프라하의 이방인 카프카》, 클라우스 바겐바하 지음, 전영애 옮김, 한길사, 2005.

《25시》, 콘스탄틴 게오르규 지음, 김지혁 옮김, 삼성기획, 1995.

《외침》, 루쉰 지음, 공상철 옮김, 그린비, 2011.

《디지털 시대의 글쓰기》, 빌렘 플루서 지음, 윤종석 옮김, 문예출판사, 1998.

《매혹의 인문학 사전》, 이시하라 치아키 외 지음, 송태욱 옮김, 앨피, 2009.

4장. 글쓰기의 가치는 무엇일까?

《나는 이런 책을 읽어 왔다》, 다치바나 다카시 지음, 이언숙 옮김, 청어람미디어, 2001.

《누가 책을 죽이는가》, 사노 신이치 지음, 한기호 옮김, 시아출판사, 2002.

《'나의 나무' 아래서》, 오에 겐자부로 지음, 송현아 옮김, 까치글방, 2001.

《잘라라, 기도하는 그 손을》, 사사키 아타루 지음, 송태욱 옮김, 자음과모음, 2012.

《정희진처럼 읽기》, 정희진 지음, 교양인, 2014.

《비평의 해부》, 노드롭 프라이 지음, 임철규 옮김, 한길사, 1988.

《아이스크림과 늑대》, 이현승 지음, 랜덤하우스코리아, 2007.

《인간의 얼굴을 가진 지식》, 강영안 지음, 소나무, 2002.

《토니오 크뢰거》, 토마스 만 지음, 강두식 옮김, 문예출판사, 2006.

《길과 풍경과 시》, 허만하 지음, 솔, 2002.

다음 세대에 전하고 싶은 한 가지는 무엇입니까?
다음 세대를 생각하는 인문교양 시리즈 아우름

아우름 시리즈는 계속 출간됩니다.

아우름 37

글을 쓰면
자신을 발견하게 됩니다

1판 1쇄 발행 2019년 3월 10일
1판 3쇄 발행 2021년 5월 15일

지은이 박민영
펴낸이 김성구

주간 이동은
콘텐츠본부 고혁 현미나 송은하 김초록
디자인 이영민
제　작 신태섭
마케팅 최윤호 송영우
관　리 노신영

펴낸곳 (주)샘터사
등　록 2001년 10월 15일 제1-2923호
주　소 서울시 종로구 창경궁로35길 26 2층 (03076)
전　화 02-763-8965(콘텐츠본부) 02-763-8966(마케팅본부)
팩　스 02-3672-1873　**이메일** book@isamtoh.com　**홈페이지** www.isamtoh.com

ISBN 978-89-464-2099-1　04700
ISBN 978-89-464-1885-1　04080(세트)

값은 뒤표지에 있습니다.
잘못 만들어진 책은 구입처에서 교환해드립니다.